인생 박람회

인생 박람회

지은이   최석우
이메일   csw5270@naver.com

발 행   2023년 04월 27일
펴낸이   한건희
펴낸곳   주식회사 부크크
출판사등록   2014.07.15.(제2014-16호)
주 소   서울특별시 금천구 가산디지털1로 119 SK트윈타워 A동 305호
전 화   1670-8316
이메일   info@bookk.co.kr

ISBN   979-11-410-2632-5

www.bookk.co.kr

인생 박람회

최석우

BOOKK

차 례

프롤로그

"8 너희가 그 은혜를 인하여 믿음으로 말미암아 구원을 얻었나
     니 이것이 너희에게서 난 것이 아니요 하나님의 선물이라
 9 행위에서 난 것이 아니니 이는 누구든지 자랑치 못하게 함이
     니라
 10 우리는 그의 만드신바라 그리스도 예수 안에서 선한 일을
     위하여 지으심을 받은 자니 이 일은 하나님이 전에 예비하
     사 우리로 그 가운데서 행하게 하려 하심이라."
 (에베소서 2장 8절~10절)

가을 깊숙한 계절에는 때때로 동장군 흉내를 내려는 쌀쌀한 새
벽공기가 떡 벌어진 사내의 어깨마저 잔뜩 웅크리게 만든다. 옷깃
을 잔뜩 세운 사내 하나가 2층을 오르기 전 1층 복도에서 곤히 잠
자고 있던 형광등들을 딸깍 소리로 모두 잠에서 깨웠다.

"오늘따라 유난히 춥네요!"

"예, 그런 것 같아요."

바짝 뒤를 따르던 하 목사 사모가 하얀 입김을 손에 호호 불어
대면서 대답했다.

하성도 목사는 여느 때와 다름없이 새벽기도회를 집례하기 위해
상가 2층에 자리 잡은 교회 문을 따고 들어왔다. 제법 써늘한 바
깥 추위와 아랑곳없이 교회 실내는 다소 온기가 있었다. 방금 전까
지도 추운 겨울에 자동차 머플러에서 뿜어져 나오는 것 같은 하얀

호흡들이 돌연 자취를 감추었다.

"역시 교회가 최고인 것 같아요. 그렇죠?"

하 목사가 뒤 쫓아 들어온 사모를 돌아보곤 말했다.

가족으로만 교회를 개척한지 1년이 조금 지났다. 시작 때부터 지금까지 새벽기도회는 하 목사 부부의 몫으로만 남겨져 있었다. 정각 5시. 하 목사가 강단에 오른다. 하 목사 부부는 아직 잠이 덜 깬 목청 탓에 찬양을 부르며 음 이탈을 간혹 해댔고 서로 돌아가며 한두 마디 쉬어가기까지도 했지만 무사히 한 곡을 완주했다. 이어 에베소서 2장 8절부터 10절까지를 본문으로 저만치 앉아 있는 사모를 지그시 바라보며 하 목사는 설교를 시작했다.

"하나님의 은혜를 한 단락으로 정의하자면 이렇습니다. 스스로 구원이 불가능한 인간을 예수 그리스도로 완성하시고 성령을 통해 적용시켜 구원하시는 하나님의 주권적인 호의라고 말입니다.

그러므로 하나님께서 선택하신 모든 자녀들은 그들이 신앙을 받아들였던 훨씬 이전부터 이미 하나님의 자녀로써 확정되어 있었던 것입니다. 그것뿐이 아닙니다. 하나님의 은혜는 신자의 신앙유지와 성장까지도 막대한 영향을 끼칩니다.

그래서일까요! 인생의 마지막 순간에 다다른 많은 신자들이 거의 비슷한 고백을 한다고 합니다. 나의 모든 삶에서 하나님의 은혜가 역사되지 않음이 단 한 순간도 없었다라고 말입니다.

따라서 신앙을 저는 이렇게 단정지어보고자 합니다. 신앙은 하나님의 은혜를 깨닫는 것이라고요. 왜냐하면 하나님의 은혜는 신자가 때론 각박하고 척박한 세상살이를 믿음으로 버텨낼 용기와 위로의 근원이 되기 때문입니다. 하지만 더욱 결정적이라 할 만한 이유가 있는데 그것은 하나님의 은혜 역사를 체험하는 중 비로소 알게 된 능하신 하나님의 손길을 통해 참된 행복과 기쁨을 만끽하게 된다는 것입니다.

사도 바울을 예로 들어 보겠습니다. 바울은 소위 말하는 금 수저 신분이었고 기독교인의 목숨을 좌우지할 수 있는 막강한 권력을 직업으로도 가지고 있었습니다. 참으로 대단한 자였습니다.

그러나 당시 기독교인에게는 두려움의 아이콘 이었던 그가 부활하신 예수님을 만난 뒤에는 완전히 뒤바뀌졌습니다. 의기양양했던 자신의 배경을 오히려 배설물처럼 여겼고 복음을 전하면서 핍박받고 낮아진 자신의 위치에 대해서도 전혀 부끄러워하지 않았습니다.

왜냐하면 거듭난 바울에게는 하나님의 은혜로 인하여 새로 생겨난 자랑이 있었기 때문입니다. 그것은 십자가였습니다. 거듭난 바울에게서 오직 십자가만이 자랑이라고 말한 것에는 나름 이유가 있었습니다. 그것은 자신이 예수님의 손에 의해 붙들려 있다는 것이었습니다. 즉 예수님의 이름과 나라를 위해 쓰임 받고 있는 그의 사명적 삶이 그에게는 이 세상이 주는 그 어떤 즐거움보다도 가장 귀한 행복이었던 것입니다.

그럼 오늘날 수많은 신자들은 어떤 상태일까요? 다소 안타까운 현실을 부인할 수 없습니다. 귀하고 소중한 하나님의 은혜를 이해하려하거나 자세히 알아 가려는 일에 그리 관심을 두지 않고 있다는 것입니다. 은혜만이 답임에도 불구하고 그것을 구하지 않는 것은 왜일까요?

그렇지만 이 물음에 답은커녕 많은 신자들은 오히려 문제를 제기할지도 모릅니다. 당신들은 은혜의 중요성도 잘 알고 부지런히 구하기까지도 한다고요. 그러나 우리는 좀 더 솔직해져야 합니다.

　만약 어떤 신자가 하나님의 은혜를 제대로 알고 있다고 칩시다. 그렇다면 그는 그의 모든 삶을 전적으로 하나님께 맡기고 살아갈 것입니다.

　왜냐하면 은혜의 탁월한 특징 중 하나가 하나님의 주권인 까닭입니다. 더불어 하나님의 주권은 모든 것을 합력시켜서 결국 선을 이루어 낸다는 위대한 약속을 포함하고 있습니다.

　결국 하나님의 은혜를 귀하게 여기는 신자라면 그의 삶을 보존하시는 분이 여호와 하나님이라는 사실을 인정하게 됩니다. 오늘 우리 모두는 좋은 일이든 고민 가득한 일이든 우리 앞에 펼쳐지는 모든 삶의 일들이 그분의 뜻임을 인정하고 있는지 자문자답해 보아야합니다.

　자 이제 한 단계 더 높여서 생각해 보겠습니다. 하나님께서 베푸신 은혜를 경험하고 나서도 은혜 안에서 제대로 살아가지 못하는 결정적인 원인은 무엇일까요? 답은 죄에 있습니다.

　태초에 피조 된 인간인 아담과 하와는 하나님의 은혜로서 하나님의 거룩한 형상을 통해 지음 받았음을 우리는 익히 알고 있습니다. 이들 부부는 죄가 전무한 완전 순수의 존재였습니다. 그랬던 그들을 사탄이 동물 중에서 가장 간교한 뱀을 이용해 그들을 타락시켰습니다. 하루는 뱀이 아담 부부를 찾아와 말합니다.

　"그것을 너희가 먹는 날에는 너희 눈이 밝아져 하나님과 같이

되어 선악을 알 줄 하나님이 알고"(창3:5)

선악과를 먹지 말라는 이유가 이것이기 때문에 하나님께서 그들에게 명령했던 것이라고 속였습니다. 스스로 타락의 길로 들어섰던 교만한 천사들이 인간마저 자기들처럼 죄를 범하게 하여 하나님으로부터 멀어지게 했습니다.

한편 아담부부는 하나님과 동일하게 되고 더군다나 그분의 신적 능력을 공유하게 된다는 말을 곧이들어 버렸습니다. 아담부부는 피조물로서의 겸손함을 망각했던 것입니다.

결과는 비극이었습니다. 하나님께로부터 선물로 받았던 두 가지 사실에 문제가 발생했습니다. 하나는 서로 간 풍성했던 사랑의 마음이 줄어들고 그 자리를 미움과 원망이 차지하게 된 것입니다. 또 다른 하나는 세상을 다스릴 지위를 잃어 버렸다는 것입니다.

그런데 이것들 보다 더한 아픔이 있었는데 하나님과의 친밀한 관계와 관련이 있습니다. 전에 없었던 거대한 장벽이 하나님과 인간 사이에 세워진 것입니다. 거대한 장벽은 하나님의 은혜를 어둠 속에 가두어 버리는 결과를 가져왔습니다. 이 모든 것이 죄를 범한 이후에 생겨난 변화들입니다.

그럼에도 불구하고 창조주 하나님께서는 측량할 수 없는 사랑의 깊이로 친히 구원의 하나님이 되어주셨습니다. 유일한 독생자 예수님을 희생시키면서까지 은혜를 망각해 죄로 신음하고 있는 세상을 고쳐주신 것입니다. 무흠한 인간을 창조하신 분께서 죄로 인해 본질상 진노의 자녀로 탈바꿈된 피조물들을 구원하시고자 직접 희생 제물이 되었던 것입니다.

물론 희생의 작업은 인간의 요청에 의해서가 아닙니다. 인간을 불쌍히 여기는 다함이 없는 하나님의 자비하심이 근거입니다. 하나님은 은혜를 전혀 모르는 그들을 향해 먼저 손을 내미셨습니다. 이것이 하나님 은혜의 기초입니다.

하지만 애석하게도 세상 모든 사람들은 눈이 멀어버린 탓에 하나님의 사랑을 이해하거나 알아가려고 하지 않습니다. 사실상 은혜의 손길을 완강히 거부하는 상태입니다.

창조주와 동시에 구원주 하나님은 멸망의 구렁텅이로 빠져가는 사람들을 끌어올리고자 계속해서 애쓰고 계십니다. 성경 어딘가에 심판받아 마땅한 자들에게 선물을 주심이라는 표현이 있는데 하나님의 풍성하신 은혜의 상태를 분명히 알려주는 내용입니다.

에베소서의 오늘 본문은 성경 전체의 함축적인 의미라고 해도 손색이 없습니다. 왜냐면 성경이 우리에게 전하려는 것을 한 단어로 표현하라고 한다면 저는 단연코 은혜라고 말하고 싶습니다. 본문 바로 몇 절 앞에 이런 말씀이 있습니다. 5절 후반인데요. '너희가 은혜로 구원을 얻은 것이라'

우리의 상식으로는 도무지 이해 할 수 없는 하나님과 관련한 것들이 있습니다. 하나님의 사랑, 기대, 긍휼, 전능, 택하심. 물론 이 외에도 많지만 대표적으로 생각나는 것들을 나열해 본 것입니다.

하나님은 우리가 인격적으로 이것들을 수납하도록 인도해 주십니다. 또한 믿음의 의지가 세워지도록 수고를 아끼지 않으십니다. 이 과정에서 죄로 가득한 우리의 본성은 이것들을 거부하려는 경향성이 강하지만 하나님은 결코 포기하지 않으실 것이며 끝내 완성하실 것입니다. 바로 이것이 하나님의 호의 즉 은혜입니다."

28 우리가 알거니와 하나님을 사랑하는 자 곧 그의 뜻대로 부
르심을 입은 자들에게는 모든 것이 합력하여 선을 이루느니라
29 하나님이 미리 아신 자들을 또한 그 아들의 형상을 본받게
하기 위하여 미리 정하셨으니 이는 그로 많은 형제 중에서 맏
아들이 되게 하려 하심이니라
30 또 미리 정하신 그들을 또한 부르시고 부르신 그들을 또한
의롭다 하시고 의롭다 하신 그들을 또한 영화롭게 하셨느니라.
(로마서 8장 28절~30절)

1. 미리 정하심

1-1. 초대

첫 수업 시작 시간인 9시를 조금 남겨둔 성도가 버스에서 내려
총총걸음으로 학교를 향했다. 연실 시간을 확인하면서도 그의 시선
이 이따금 하늘로 향했다. 오늘 따라 유난히 가을 하늘은 높고 청
명했다.

그런데 그가 바쁜 와중에도 하늘을 바라보는 것은 나름 이유가
있어서였다. 평온 가득한 하늘과 달리 성도의 심기는 불편해 있었
다. 그는 하늘의 평화처럼 자신의 마음도 안정으로 채워지길 은근
히 바라고 있었다.

'천고마비의 계절. 말조차도 행복할 때인데……휴.'

성도는 하늘신학대학교 신학과 4학년 학생으로 졸업을 목전에

두고 있었다. 3년 전 만학도 전형을 통해 불혹의 나이로 입학을 했다. 대개 40대의 사회인이라면 인생에서 가장 바쁜 때라 해도 과언이 아니다. 허나 성도는 그 인생절정의 시기를 사회초년생처럼 지내고 있었다.

성도가 학교 정문에 거의 다다를 즈음이었다. 담장에 붙어 있는 형형색색의 포스터가 성도의 두 눈을 사로잡았다. 첫 수업시간을 맞추던 바쁜 걸음걸이마저도 멈추게 만들었다. 큰 글자로 써진 포스터의 특별한 제목이 그의 지적호기심을 끌기에 충분했다.

"인생박람회에 초대합니다."

'인생박람회! 이게 뭐지?'

성도는 포스터를 천천히 내려읽으며 자세히 훑어보았다. 제일 하단에 적힌 굵은 문구가 성도 마음을 또다시 울렁이게 했다.

'하나님의 음성을 듣기 원하는 사람들은 오시오.'

최근 들어 성도는 몇 가지 걱정거리들로 인해 머릿속이 복잡했었다. 그중 가장 큰 고민은 졸업 후 진로 문제였다. 얼마 안 있어 담당 교수님과 진로면담을 가져야 했다. 교회를 직접 개척 할 것인지 아니면 부교역자로서 이력서를 제출할지 그것도 아니면 선교사의 길을 걸을 것인지 그것마저도 아니라면 대학원을 진학하여 신학공부에 더 정진할 것인지 결정을 제출해야 했다. 하지만 성도는 무엇을 결정할지 통 마음의 준비가 되어 있지 않았다.

그런데 거기에는 그럴만한 충분한 이유가 있었다. 목회를 위해 목사 안수를 받으려면 반드시 거쳐야할 관문으로 3년 과정의 신학대학원 진학은 필수였다. 그렇지만 그것을 위한 학비가 전혀 준비

되어 있지 않았다. 더불어 이것이 발단이었을지는 모를 일이지만 그것에 더해져 목회자로 부름 받음이라는 소명의식이 점점 꺼져가고 있었다. 입학 때 마른 장작더미에 붙은 불처럼 활활 타올랐던 하늘의 부름이란 소명이 현재는 가느다란 초롱불처럼 초라한 모습으로 간당간당 하고 있었다.

소명이 흐릿해진 데에는 가난이라는 삶의 문제가 성도의 판단 각도를 비좁게 만들었다. 남겨진 재산 하나 없이 세상에 홀로 남겨진 인생무대에서 성도는 비슷한 처지의 짝을 조금 일찍 만났다. 슬하에 딸 하나도 두었다. 퍽퍽한 삶이었지만 나름 살아갈 만은 했었다. 그러나 애초에 무일푼으로 시작한 밑바닥 인생이 여유 있는 삶에 도착하기란 그리 만만한 것이 아니었다.

성도는 인문계 고등학교를 졸업한 후에 신학대학교 진학을 포기하고 곧바로 취업의 길로 들어섰다. 학비가 전혀 준비되어 있지 않아서였다. 그런데 설상가상으로 사회에 첫발을 들여 놓으면서 인생살이 첫 단추를 잘못 끼우는 실수까지 범했다.

성도는 비교적 빠르고 많은 돈벌이가 무엇일까를 고심한 뒤에 내린 결론으로 영업직을 택했다. 물론 지닌 기술이 전무하다는 것도 이것을 선택한 이유가 되기도 했다.

성도의 모질지 못한 성격은 앞으로 남고 뒤로 밑지는 상황을 연출시켰다. 어떤 때에는 두둑한 월급봉투에 흡족한 날도 더러 있었지만 어느 때에 이르자 성도는 이른바 근로빈곤자 신세가 되어 있었다.

인생의 초기단계부터 시작된 그의 월세 방을 전전했던 삶은 독

립된 가정을 이룬 현재까지 40년간 변함없이 이어져 내려오고 있었다. 그 결과 신학공부를 하는 중에도 가난에서 통 벗어나지 못했던 성도는 하나님의 돌보심 혹은 인도하심이라는 하나님의 섭리에 은근히 불만을 품고 있었다.

성도가 고등학교 1학년이던 17세 때였다. 현재로부터 대략 23년 전, 성도는 하나님과 약속을 했다. 물론 성도의 일방적인 약속이라고 해야 맞겠지만 말이다. 목회자로서의 길을 가겠다고 결심의 기도를 했었다.

그러나 그 약속은 이행되지 못했고 20년을 돌고 돌아 이제야 신학공부에 발을 들여 놓았다. 비록 때늦은 약속 이행이었지만 가정을 제대로 돌보지 못하는 형편에도 불구하고 신학의 길을 선택했다. 이쯤에서 성도의 불만은 가중되기 시작했다. 하나님의 종이 되는 길을 선택한 것이기에 하나님으로부터 뭔가 특별한 대우를 받게 될 것으로 기대를 하고 있었다. 하지만 태아시기부터 쭉 40년을 잇는 녹록치 못한 살림살이는 성도의 신앙을 뿌리 채 흔들어댔다.

성도는 수업시간마저 까맣게 잊고 포스터 항목들을 꼼꼼하게 체크했다. 포스터 내용 중에 어떤 내용은 성도를 다소 조급하게 만들기까지 했다. 박람회 열람기간 이었는데 단지 내일 하루만 열릴 예정이었던 것이다. 대체로 박람회는 며칠씩 기간을 가지고 행사를 진행하는 것이 상례일 텐데 이것은 나름 유별나다 생각했던지 성도가 입마저 삐죽해 보였다. 그러면서도 재빠르게 자신의 내일 수업시간표를 그 자리에서 확인했다.

'마침 내일 온종일 휴강이네. 기가 막힌 타이밍 대단한 우연인 걸. 흠. 하나님의 음성을 듣는다. 재미있겠어. 가봐야겠다.'

성도가 알 수 없는 묘한 표정을 짓고선 주억거렸다.

아직 채 어둠이 가시지 않은 새벽시간. 인생박람회가 열리는 장소를 향해 성도는 일찌감치 문을 나섰다. 그곳은 동서울시외버스터미널에서 직행버스로 3시간 남짓 걸리는 충청도 어느 외딴곳에 있었다. 포스터에 적힌 대로 버스정류장에 하차했다. 인생박람회장 장소를 알리는 화살표 표시로 된 안내 팻말이 바로 눈에 띄었다. 그는 박람회 열람 시작시간을 2시간씩이나 남겨두고 빠르게 도착을 했다. 팻말 뒤에는 기와를 얹어놓은 금방이라도 쓰러질 것 같은 조그만 구멍가게가 하나있었는데 성도가 하차한 그곳은 한적하고 몇 가구 안 되는 조그만 시골동네였다.

눈에 익혀 둘 만한 상점이나 건물 따위가 없었던 탓에 성도는 길을 못 찾지는 않을까 약간 긴장이 되었다. 이른 시간에 도착하기도 했고 동네가 워낙 작은 탓이었는지 사람들도 전혀 눈에 띄지 않았다. 사방을 두리번거리면서 팻말을 따라 발걸음을 서서히 옮기는데 조만치에 또 다른 박람회 안내 팻말이 성도의 눈에 들어왔다.

그 표시는 동네 안 조그만 골목길로 들어서도록 되어 있었다. 그것을 따라 동네 안으로 들어섰는데 안내 팻말 두어 개 정도가 동네 안쪽에 더 세워져 있었다. 초행길이라 다소 불안은 했지만 안내 팻말이 군데군데 배치되어 있어서 성도의 긴장은 조금씩 풀려갔다. 더군다나 기분 좋은 청량한 가을 분위기 덕분에 아예 휘파람

까지 불어댈 정도로 여유가 생겼다.

어느덧 조그만 마을을 완전히 벗어나 산길로 접어드는 지경까지 이르렀다. 그곳에는 손가락 안내 표시가 있었는데 약간 가파른 산길을 올라가도록 가리키고 있었다. 성도는 약간의 거친 호흡을 몰아쉬며 동산을 올랐다. 동산을 다 오르니 제법 커다란 자작나무가 양옆으로 빼곡하게 줄을 맞춰 늘어서 있는 오솔길이 등장했다.

저만치 앞에는 성도보다 더 빠르게 오솔길을 오르고 있는 몇몇 남녀들이 눈에 띄었다. 오솔길을 몇 분 정도 걷던 성도가 잠시 쉼도 가지고 송골 맺힌 땀도 닦아 내려고 거대한 자작나무 틈바구니를 비집고 고집스럽게 자리를 차지하고 있는 조그만 바위에 걸쳐 앉았다. 땀을 닦는 성도가 지나온 길을 바라다보는데 저만치서 몇몇 사람들이 성도 쪽을 향하고 있는 것이 보였다. 성도가 시간을 확인하는데 벌써 1시간이 훌쩍 지나 있었다.

성도를 비롯해 박람회장을 향해 걷고 있는 사람들은 전혀 목소리를 들내지 않았다. 산길을 오르기 바로 전 주의를 당부하는 안내 팻말이 있었는데 그곳에는 유일한 한 가지 주의사항이 적혀있었다. 이동 중에 최대한 침묵을 유지하라는 것이었다.

그래서 그들은 서로 눈이 마주치기라도 하게 되면 가볍게 목례 인사만 할 뿐 아무런 말을 하지 않고 걸었다. 그리고 둘 이상 함께 걷는 이들도 보이지 않았다. 박람회장을 향하는 그들 모두는 성도처럼 혼자서 걷고 있었다.

어느덧 사방이 꽤나 기다란 레드우드로 빙 둘러진 상당히 넓은 공간이 등장했다. 족히 축구장 네 배 규모는 될 듯싶었다. 그 넓은 땅 중앙에는 이제는 영화에서나 봄직 할 것 같은 알록달록, 형형색색으로 칠해져 있고 높이는 레드우드만한 둥그런 천막설치물이 자리를 잡고 있었다. 설치된 천막꼭대기는 끝이 뾰족한 탑처럼 튀어나와 있었다. 뾰족한 탑 꼭대기에는 펼쳐진 성경책 그림이 수놓아져 있는 네모난 큰 깃발이 가을 실바람에 펄럭이고 있었다. 이것을 본 성도가 놀란 표정을 지으며 입을 벌린 채로 멍하니 건물을 한참 동안 올려다보았다.

'놀라워라. 여기에 이런 큰 건물이 있었네. 여기 오기까지 전혀 보이질 않았는데. 근데 저 건물은 또 뭐야? 서커스단들이 공연할 때 세우는 천막 같은데 저곳이 박람회장인가? 이런 것을 깊은 숲 속에 저런 규모로 어떻게 설치한 거지? 그리고 저런 대형 천막을 어떻게 만들었던 것이지? 높이만 수십 미터에 둘레는 수백 미터가 족히 넘을 텐데 말이지!'

성도는 서커스 공연장처럼 보이는 박람회장 출입구 쪽으로 다가 갔다. 표를 구입하려고 출입구 주변을 서성이는데 매표소가 보이질 않았다. 몇몇 사람들도 성도처럼 당황해하는 눈치였다. 그러는 중에 박람회장 안에서 어떤 이가 반갑게 인사를 하며 나왔다.

"반갑습니다. 오서오세요 여러분. 인생박람회에 오신 것을 환영합니다. 모두 이리로 모이세요. 여기가 출입구입니다."

그는 번쩍거리는 흰색 정장을 입고 있었고 바지는 주름선이 날카롭게 잡혀 있었다. 머리에는 흰색 중절모가 씌워져 있었고 구두역시 번들번들한 백구두를 신고 있었다. 그의 나이는 중년 쯤 되어보였다. 출입구 주변에 모여 있던 방문객 중에서 대표로 성도가 그에게 다가가 물었다.

"실례하지만 여기 입장권은 어디서 구입하나요?"

"포스터에서 못 보신 모양이군요. 여기는 무료랍니다."

"아, 그런 가요! 그것까지는 확인을 못했습니다."

"당연하지요. 그런 문구는 포스터에 없었으니까요."

"예! 무슨 말씀이신지……"

성도는 안내자의 말을 이해 못하겠다는 듯 말끝을 살짝 흐렸다.

"하하하"

안내자가 멋쩍은 웃음을 지어내더니 웃음기 띤 얼굴로 성도에게 물어왔다.

"그럼 혹시 포스터 제일 하단에 있었던 문구를 아직도 기억하시는가요?"

"예. 알고 있습니다. 하나님의 음성을 듣기 원하는 사람은 오시오라고 써 있었던 것으로 기억합니다."

"정확히 맞습니다. 그것을 보신 분들은 오늘 무료입장입니다."

"그, 그런 가요!"

성도뿐만 아니라 그곳에 모여 있던 모두가 어안이 벙벙한 모습을 지었다.

"다른 분들 눈에는 그것이 이렇게 보일 겁니다. 입장료 일억 원."

여기저기서 "우와"하는 소리가 들려왔다. 성도는 그의 말이 믿기지 않는 눈치였다. 평소 다분히 이성적이고 예리한 분석이 그 순간 작동을 했다.

'믿을 수 없어. 입장료가 일억 원씩이나 되는 것을 공짜로 보여주는 것은 이치에 맞지 않아. 그리고 글자가 누구의 눈엔 이렇게 보이고 누구의 눈엔 저렇게 보인다니 통 말이 안 돼. 그리고 입장료가 일억씩이나 되는 박람회가 세상 어디에 있어! 너무 심하게 뺑을 치시는군!'

성도는 박람회장 입구에서 조금 떨어진 저쪽 편에 있는 벤치로 가서 앉았다. 그리곤 겉옷 안쪽에서 스마트폰을 꺼내 들었다. 혹시나 싶어 같은 과 친구였던 또래 경수를 통해 안내자가 방금 말한 포스터의 진위여부를 알아보려 했다.

"경수. 나 성도야. 혹시 어제나 오늘 학교 정문 근처 담벼락에 붙어 있던 박람회포스터 본적 있어? 어제 붙어 있던 것을 나는 봤거든."

"성도구나! 음, 포스터라. 글쎄, 나는 수업시간 땜에 정신없이 달려오느라 잘 모르겠어. 왜, 중요한 거야?"

"아냐, 그냥 뭐 좀 확인할 것이 있어서. 알았어. 근데 오늘 수업 없어?"

"아니, 난 지금 학교야. 넌 어딘데? 오늘 학교 안 온 거야?"

"난 오늘 수업 모두 휴강이야. 그래서 박람회에 왔어. 인생박람회라나 하는 거."

"인생박람회? 그런 박람회도 있었어?"

"있더라고. 궁금해서 와봤어. 그럼 조금 있다가 혹시 시간되면 학교 정문 옆에 붙은 포스터 확인해 줄 수 있겠어? 그것을 보게 되면 바로 그 앞에서 전화해 줘."

1-2. 안내자

경수와의 통화를 마치고 벤치에서 일어난 성도가 천천히 돌아서려는 순간이었다. 마치 섬광이 번쩍인 듯했다. 성도 뒤에 번질거리는 흰색 양복을 걸친 말끔한 신사가 서 있었던 것이었다. 성도는 별안간 놀랐고 당황스럽기까지 했다.

'입구에서 안내를 하던 사람이 왜 내 뒤에 와 있었던 것이지? 내가 뭘 실수한 것일까?'

사실 성도 뒤에 서 있었던 이는 조금 전 성도와 대화를 나눈 안내자는 아니었다. 성도는 우선 그의 얼굴을 확인하기보단 입고 있었던 흰 양복 밝기 때문에 동일한 인물이라고 착각을 했던 것이다.

성도 뒤에 서 있었던 사람은 자신 때문에 성도가 당황하는 것을 알아챈 것인지 허리 깊숙이 머리를 숙이면서 사과의 말을 꺼냈는데 놀래 키려는 의도가 전혀 아니었다고 했다. 박람회장 입구에서 대화를 나누던 이가 아님을 확인한 성도가 내심 안심해 하고 나서 말했다.

"아, 괜찮습니다."

성도는 손바닥을 펴 살짝 들어 올리면서 아무 문제없음을 알리는 시늉을 나타내 보인 후 박람회 출입구로 발걸음을 옮기려 했다. 그때 성도 뒤에 있었던 흰색 정장차림의 사람이 성도를 불러 세웠다.

"성도님 잠시 만요."

"예. 저요?"

"저랑 잠시 대화를 나누신 후에 입장하셔도 됩니다. 아직 박람회 관람시간은 많이 남아있습니다."

"무슨 말씀을......그리고 제 이름을 어떻게......."

성도의 당황스러움이 말소리에 그대로 담겨져 나왔다.

"우선 제 소개부터 드리겠습니다. 저는 이번 박람회에서 성도님의 안내를 맡게 되었습니다."

"그런 것도 있었나요? 안내라니요? 저는 그런 부탁을 드린 적이 없고 포스터 문구에서도 보질 못했는데요......"

그의 말을 이해할 수 없었던 성도의 말끝은 계속해서 흐려 있었다.

"맞습니다. 오늘 박람회의 모든 준비와 진행은 전적으로 저희 쪽에서 제공해 드리는 것이라서 그럴 것입니다."

"아, 그런 것 인가요! 저 혹시 실례가 안 된다면 한 가지 질문을 드리고 싶은데요."

"예, 무엇이든 물어보세요."

밝은 흰색 정장 차림의 신사가 미소 띤 얼굴로 상냥하게 대답을 했다.

"제 이름을 어떻게 아시는지요? 이곳에 와서 누구에게도 알려준 적이 없는데 말이죠."

"그것 때문에 많이 놀라셨군요. 그것은 저희가 행사를 기획하고 초대까지 했던 터라 이미 알고 있었던 사항입니다."

"무엇을 준비하셨다는 건지? 저는 도통 이해가 안 됩니다."

성도의 얼굴은 점점 상기되었다.

"저희들은 성도님을 이곳으로 모셔오기 위해서 상당한 시간동안 준비해 왔습니다. 물론 오늘은 성도님 외에도 백여 명 정도의 사람들이 초대를 받았답니다."

"초대요? 이건 또 무슨 말씀이신지......"

그때 경수에게서 전화가 걸려왔다. 성도는 자신을 안내자라고 말하는 사람에게서 조금 떨어진 곳으로 이동해 전화를 받았다.

"잠시 만요. 통화를 하겠습니다. 포스터 봤어?"

성도의 스마트폰 너머로 경수의 빠른 호흡과 거친 음성이 들려온다.

"음, 그게 말이지. 학교 담벼락을 죄다 둘러보았는데 전단지 하나 붙어 있지 않더라."

"정말! 내가 본 것은 학교 정문 바로 옆에 붙어 있었는데."

"말한 그곳에 지금 내가 서 있는데 아무 것도 없어. 미안, 나 수업 들어가야 해서. 가 볼게."

"수고했어."

성도는 미심쩍은 듯 입을 삐죽였고 턱마저 옆으로 살짝 틀었다. 그때 안내를 맡게 되었다고 말했던 사람이 성도에게 재차 말을 걸면서 다가왔다.

"경수 씨하고 통화를 했군요."

"어, 어떻게 아셨어요?"

성도의 눈이 휘둥그레졌다.

"아, 오해하진 마세요. 전 모르는 것 빼고는 다 압니다."

안내자가 손사래를 치며 빙그레 웃어 보였다.

"그렇다고 해서 누구하고 전화한 것 까지도 다 안단 말인가요?"

"놀라실지 모르지만 그건 아주 쉬운 일입니다."

"저기요! 정말 죄송한데요. 제 사생활을 아무렇지도 않은 듯이 적나라하게 말씀하시니 두렵기까지 합니다."

"그랬군요. 걱정을 끼쳐드렸다면 진심으로 송구합니다."

안내자가 성도를 향해 재차 머리를 깊숙이 숙였다.

"다시 처음부터 말씀드려 보겠습니다. 저를 이곳으로 초대한 것이 맞으신가요?"

"그렇습니다. 지극히 거룩하고 높으신 분의 지시를 따라 저희는 성도님을 오늘에서야 이곳에 오도록 했습니다. 그래서 학교 담장의 포스터는 성도님의 눈에만 보였던 것입니다. 물론 오늘 이곳에 방문하게 된 모든 분들 역시 성도님과 같은 사연으로 오게 된 것이랍니다."

"죄송하지만 지극히 거룩하고 높으신 분이란 누구를 말씀하시는 것인가요?"

"그건 나중에 차차 알게 되실 겁니다."

"흠, 예 알겠습니다, 그런데 저를 어떻게 알고 초대했다는 거죠? 그리고 초대하는 이유는요? 아, 그리고 또 저는 음! 호칭을......?"

"편하게 대해주세요. 제 이름은 하영입니다. 이름을 부르시면 됩니다."

"나이가 저보다는 좀 더 들어 보이시는 것 같은데 그렇게 불러드리면 실례가 아닐까요? 혹시 성은 어떻게 되시는지요?"

"저도 올해 마흔으로 성도님과 동갑입니다. 옷을 이렇게 입어서 나이가 들어 보이는 것일 겁니다. 저의 성은 하이고 이름은 외자로 영입니다."

"아, 그러셨군요. 제가 초면에 큰 실례를 했습니다. 저를 성도님이라고 부르시니 저는 영님이라고 호칭을 하기 보다는 성까지 붙여 불러드리는 것이 좋을 듯합니다. 하영님."

"예, 좋습니다."

하영이 성도를 향해 엄지를 세워 보였다.

"저기요, 하영님, 정말 궁금해서 그러는데요. 제 이름을 어떻게 아신 것이죠?"

"지극히 거룩하고 높으신 분께서 알려주셔서 알게 되었지만 저는 이 세상 모든 사람들의 이름을 이미 알고 있습니다."

"정말요! 세상 모든 사람들의 이름을 다 안다고요? 모든 사람 숫자를 세는 것조차도 저는 불가능하리라 생각하는데 그 수많은 사람들의 이름을 낱낱이 안다고요? 너무 과한 말씀을 하시는 건 아닐지......"

성도의 감긴 듯 한 실눈이 놀라움에 순간 대보름달처럼 커졌다.

"저의 뇌는 컴퓨터와 동일합니다. 한 번 입력된 내용은 지극히 높으신 분께서 삭제하지 않는 한 지워지지 않는답니다."

"오호! 놀랍습니다. 학습 능력이 대단하시군요. 정말 그게 가능한가요?"

"하하하, 저는 성도님처럼 학습을 하거나 하지는 않습니다. 지극히 높으신 분에 의해서 암기수준이 남다른 것뿐이죠. 그렇지만 제가 소유한 막대한 지식을 제 맘대로 사용하지는 않으며 스스로 행동하지도 않습니다. 저의 지식은 오직 지극히 거룩하고 높으신 분께서 그것에 대한 사용을 허락하실 경우에서만 발휘되는 것이랍니다."

"그런 것이군요. 하영님이 지닌 탁월한 능력은 지극히 거룩하고 높으신 분의 뜻에 의해서만 사용되어지는 것이군요. 흠, 그것이 좋은 것인지 그렇지 않은 것인지 잘 모르겠어요."

"그렇지만 저는 아무런 불만도 불편도 없답니다. 지금 성도님과 함께 있고 이렇게 안내까지 맡고 있다는 것이 행복할 따름입니다. 자, 그럼 이제 관람을 하러 가실까요. 서로 통성명을 했고 어색한 것도 해소되었으니 함께 다닐 만하겠죠?"

하영이 먼저 앞서 나갔고 성도는 그의 뒤를 한 발짝 뒤쳐진 채로 따라갔다. 성도는 박람회장 건물에 도착한 후로 박람회가 열리고 있던 건물 사방 주위를 주의 깊게 살피지 못했다. 박람회장을 뺑 둘러선 거대한 붉은 나무숲은 마치 한 폭의 수채화와도 같았다. 마음의 여유를 찾은 성도가 고개를 사방으로 돌리며 깊은 가을의 알록달록한 풍경을 보고 감탄했다.

'이곳에 처음 도착해 보던 경치와 사뭇 다른 것 같네. 이곳의 가을 나뭇잎들이 이토록 예뻤나! 바다 같은 청 푸른 하늘에 떠 있는 새하얀 조각구름과 형형색색 옷을 입은 거대한 나무의 조화가 기가 막히도록 아름답구나. 마치 거인의 나라에라도 와 있는 느낌이야!'

1-3. DISPLAY

　자칭 성도의 인생박람회 가이드라고 말하던 하영 뒤를 바짝 붙어 성도가 박람회장 출입구인 반투명 자동유리문을 통과했다. 들어선 박람회장 현관은 다이아몬드 구조로 되어 있었는데 시원스러울 정도로 널찍했다. 종려나무가 심겨져 있는 몇몇 개의 큰 화분이 중간 중간 놓여 있었다. 현관 바닥은 흰색 바탕에 회색 구름무늬가 섞인 대리석이 깔려 있었는데 조명 빛을 받아 반짝거리고 있었다.

　박람회장 출입문 양 옆으로는 관람객을 환영해주러 나와 있는 이들도 있었다. 치마와 블라우스는 흰 색이었고 붉은 색의 재킷을 걸친 젊은 여성들이었다. 그녀들은 반듯하게 줄을 맞춰 양쪽으로 열 명씩 서 있었다. 그녀들의 손에는 작은 꽃다발이 들려있었는데 방문하는 이들의 이름을 호명하며 직접 목에 걸어주었다. 성도가 맨 마지막 여성 앞을 지나치려는데 그녀가 성도의 이름을 불러주며 성도 앞에 한 발짝 다가섰다.

　"하성도님 반가워요. 여기서 또 뵙게 되는군요. 영광입니다."

　인사를 하는 여성의 얼굴에는 미소가 한 가득이었는데 목소리 톤마저 듣기에 적절해서 성도의 기분을 들뜨게 해주었다. 그녀는 손에 들고 있던 꽃다발을 성도의 목에다 걸어주었다.

　"감사합니다. 목소리가 너무 고우십니다. 그런데 언제 저와 만나신 적이 있었나요? 죄송하지만 저는 초면 같은데요."

　성도의 얼굴에 반가움과 얼떨떨한 표정이 겹쳐져 보여 졌다.

　"아마도 그럴 것입니다, 성도님은 저를 처음 뵙겠지만 저는 구면이랍니다. 박람회를 관람하시는 중에 저를 볼 기회가 있을 겁니다."

그녀가 목에 걸어 준 꽃다발은 생화로 제작된 것인데 난생 처음 맡아 보는 상큼한 꽃향기가 코 깊숙한 곳까지 자극해 왔다. 성도는 향기로운 꽃향기가 처음엔 그녀의 향수 냄새인 줄로 착각했다. 그녀가 눈치 채지 않도록 조심스럽게 그녀를 향해 얼굴을 조금 앞으로 내밀고는 킁킁 맡아 보았다. 그렇지만 아무런 향취를 맡지 못했다. 성도가 맡은 진한 꽃향기는 꽃다발에서만 풍겨 나오는 것이었다. 향기로운 꽃향기는 성도의 정신까지에도 영향을 미쳤는데 성도는 잠시 동안 멍하니 서서 무언가를 생각하고 있었다.

'이상하네. 갑자기 피곤함이 모두 사라지고 몸이 날아갈 듯 가벼워. 귀에 항상 들리던 띵 하는 이명소리조차 전혀 들리지 않아. 이것 참 신기하네!'

"성도님 꽃다발은 박람회 구경이 다 끝난 후에 반납하면 됩니다. 그것이 관람 중에 혹시라도 발생할 불쾌한 성도님의 기분을 풀어주고 만에 하나 관람 중에 피로감이 생긴다면 그것마저도 완전히 없애줄 겁니다."

안내자 하영이 성도의 생각을 알아챈 것인지 꽃다발에 관하여 부연 설명을 해주었다.

"그런 거죠! 지금도 기분이 무척 상쾌해요. 이 꽃들은 아주 특이하네요. 지금껏 이런 꽃향기를 맡아 본 경험이 여기서가 처음입니다. 그리고 귀에선 항상 이명이 들려왔는데 그것이 전혀 들리질 않아요. 마치 만병통치약을 먹은 것 같아요!"

"그럴 겁니다. 사실 이 꽃들은 치료제로 사용되는 꽃들이랍니다. 그래서 여기서 재배할 수 있는 것들이 아닙니다."

"그럼 어디서 재배되나요? 집에 가져가면 좋을 것 같은데...... 가격은 또 엄청 비싸겠죠?"

"실망스러우시겠지만 그 꽃은 여기서 구입할 수 없답니다. 오직 박람회장 내에서만 사용 가능합니다. 여기를 가지고 나가는 동시에 꽃은 곧바로 시들어 버린답니다."

"아쉽네요. 이런 진귀한 꽃을 여기서만 사용하다니요."

성도가 못내 아쉬운 표정을 지었다.

"자, 가장 먼저 들를 곳은 성도님의 모친께서 성도님을 배에 품고 있을 때랍니다. 이제 관람을 하러 가시죠."

외부에서 박람회장 출입구로 들어오면 꽃다발을 든 여인들이 현관에 줄지어 서 있었고 조금 더 들어오게 되면 길이 세 방향으로 나눠져 있었다. 직진 코스와 우측 그리고 좌측 코스였다. 각각의 길은 조명이 꺼져 있어 어두운 상태였다.

건물외부가 서커스공연장처럼 진부했던 모습과는 달리 박람회장 실내는 미래적인 느낌을 물씬 풍기고 있었다. 실내의 모든 설치물과 구조는 세련되었다. 알고 보니 조립식으로 지은 건물에 초대형 천막이 덮여있는 설치물이었다. 실내의 기온과 공기상태는 흡족할 만큼 쾌적했다. 그리고 실내의 향은 꽃향기 외에 코를 자극하는 것은 단 하나도 없었다.

바닥 청소상태는 성도마저 안절부절 하게 만들 정도였다. 깔려

진 대리석은 어디 한 군데 흠집이나 오염된 모습이 전혀 보이질 않았고 먼지까지도 없는 것처럼 보였다. 호기심 많은 성도가 검지로 대리석을 한 번 훑었다. 묻어 나오는 것이 하나도 없었고 오히려 뽀드득 소리가 들려오는 듯했다. 이쯤 되니 성도는 자신의 신발에서 오염물이 떨어질 것을 염려했다. 조심스럽게 뒤를 돌아 살펴보았다. 그 모습을 본 하영이 재빠르게 눈치를 채고선 성도에게 말했다.

"성도님, 이곳의 청소 상태는 언제나 최상급입니다. 아무 염려마시고 관람만 즐기세요. 모든 고민거리는 저희 팀에서 일사분란하게 처리한답니다."

조명시설도 특별했다. 일반적으로 밝고 환한 빛이 아니라 조밀하게 환했다. 박람회장 안 그 어디에서도 그늘진 곳을 찾아 볼 수가 없었다. 사람의 그림자라도 만들어져야 하는데 그것마저 여기에서는 통하지 않았다.

군데군데 보이는 화분에 심겨진 꽃과 나무들은 종려나무를 제외하곤 성도가 난생 처음 보는 것들이 대부분이었다. 꽃의 모습뿐 아니라 색상도 경이로웠다. 한 줄기에서 나온 꽃들이 여러 색과 모양을 띠고 있었다. 나무 잎사귀는 먼지만 없는 게 아니라 빛을 내는 것처럼 보일 지경이었다. 모든 관찰을 끝낸 성도를 하영이 저쪽에서 불렀다.

"성도님 이쪽으로 오세요."

셋으로 갈라지는 장소에는 관람객 50여명이 모여 있었다. 그리고 하영처럼 흰 양복을 입은 각각의 안내자들도 잔뜩 보였다. 이윽고 안내자들 인솔 하에 모여 있던 사람들이 흩어지기 시작했다. 그런데 모든 사람들이 한 방향으로만 진행하는 것이 아니었다. 성도와 방향이 같은 사람들은 스무 명쯤이었다. 일부는 직진으로 나머지는 좌측방향의 복도를 향했다.

성도와 하영은 삼거리에서 우측 복도로 들어갔다. 우측으로 들어가는 복도 입구 위에 DISPLAY라는 표시가 점등되었다. 성도는 관람 온 사람들이 나뉘어서 가는 이유가 궁금했는지 넌지시 하영에게 물었다.

"하영님. 왜 한 방향으로 가지 않고 나뉘어 가나요? 여기 복도는 넓어서 이 정도의 사람들 숫자라도 함께 관람하기에는 전혀 무리가 없을 것 같은데요!"

"그것은 어느 시기부터 관람할지 다르기 때문입니다. 우리와 같은 방향의 관람객들은 모친의 뱃속이나 그보다 약간 더 이전 시기 때부터 관람하는 곳이랍니다. 직진을 하게 되면 먼 조상 때부터 관람을 하게 됩니다. 그리고 왼쪽 방향은 근래나 현재를 위주로 해서 관람을 하게 된답니다."

"그렇군요. 그런데 하영님. 계속 궁금했는데 인생박람회가 무엇을 보여주려 하는 것인가요?"

"그것은 제가 굳이 설명을 하지 않아도 이제부터 관람을 하시면 더 정확하고 쉽게 성도님께서 이해하실 수 있을 것입니다."

하영이 입가에 큼지막한 미소를 걸어 놓고선 대답을 했다.

1-4. 태아기 ZONE

　관람객과 그들 안내자 열아홉이 통 창으로 세워진 거대한 유리 진열장 앞에 나란히 줄지어 섰다. 유리진열장 맨 꼭대기에는 네온 사인이 설치되어 있었다. 네온사인에는 빨강색으로 '하성도의 태아기'라고 표시되어 있었다.

　성도는 하마터면 유리진열장과 부딪힐 뻔했다. 설치되어 있는 유리가 너무나 투명한 탓이었다. 다른 사람들은 네온사인 뒷면에서 반사되는 빛을 보고 멈춰 섰지만 성도는 그것을 확인하지 못했다. 성도는 자기이름이 표기된 것을 보곤 적잖이 당황하고 있었다. 하영이 붙잡아 세워 겨우 유리와의 충돌을 피할 수 있었다.

　"감사합니다. 하영님. 그런데요 여기는 내 이름이 표시되어 있는데 여기 계신 모든 분이 돌아가면서 서로의 삶을 관람하는 것인가요?"

　"이곳은 태아 시기나 조금 더 앞선 시기를 관람하는 곳으로 전시장은 하나이지만 현재 이곳을 관람하는 분들은 각자의 삶만 보게 된답니다. 따라서 다른 분들은 자기들의 세상을 관람하고 있는 것이죠."

　"예에…… 정말요! 그럼 일단 다행이네요. 근데 저 꼭대기에는 제 이름이 쓰여 있는데요?"

　"그것도 성도님의 눈에만 그렇게 보입니다. 다른 분들의 눈에는 본인들의 이름을 보게 됩니다."

　"신기하네요. 믿기지 않는 IT기술이군요. 어떻게 만들면 그렇게 보이도록 만들 수 있는 것이죠? 혹시 마술 같은......"

성도 좌우의 다른 관람객들도 성도와 같은 동일한 질문과 답변이 오고갔던지 소곤거리는 소리가 들렸고 어떤 이들은 두리번거리기 까지도 했다.

"이곳 박람회장에서는 세상에서 사람들이 할 수 없는 모든 것이 가능하답니다."

하영이 성도의 귓가에 입을 가까이 하고서는 아주 작은 소리로 말했다.

"자, 이제 저 안을 잘 지켜보세요."

하영이 전시관 안쪽을 손가락으로 가리켰다. 관람중인 통로는 상대방이 입고 있는 옷이 빛나 보일 정도로 밝은 상태였지만 유리 진열장 안쪽은 완전한 어둠에 휩싸여 있었다.

성도 두 눈이 어둠 속을 주시하는데 어둠이 차츰차츰 사라져갔다. 한 임산부가 크게 부풀어 오른 배 아래쪽을 두 손으로 떠받친 채로 성도가 서있는 곳을 향해 조심스럽게 걸어 나왔다. 그녀는 성도가 서있는 곳 약 3미터를 남겨 두고 의자에 앉았다. 성도는 자신의 어머니와 참 많이 닮아 보인다는 생각을 했다.

"맞습니다. 저분은 성도님의 어머니이십니다. 여기는 성도님의 태아기존 이잖아요."

"어. 제 생각을 어찌 아셨어요?"

"아아, 오해마세요. 여기서는 무엇이든 가능합니다."

하영은 편 손바닥을 살짝 들어 올린 다음 상채를 약간 뒤로 젖히면서 송구하다는 의미의 몸짓을 지어보였다.

"저는 하 영님의 생각을 도무지 알 수가 없는데 무엇이 가능하다는 말씀이신지……"

성도가 뾰루퉁하게 대답을 했다.

"너무 상심마세요. 오늘 관람 제일 나중에 이르게 되면 모든 것을 완전하게 이해하시게 된답니다."

그때 유리진열장 안에서 목소리가 들려왔다. 아기를 밴 성도 어머니 목소리였다. 성도 어머니는 불룩한 배를 양 손으로 천천히 정성스럽게 쓰다듬으며 기도를 하고 있었다.

"주님, 뱃속 아가가 주님께 마음을 다해 순종하는 종이 되게 하여 주시기를 기도합니다. 언제든지 주님에게 그리고 사람들에게 진실한 종으로 그리고 신실한 종이 되도록 붙들어 세워주세요……"

"성도님, 성도님의 어머니는 참으로 독실한 기독교인이십니다. 성도님이 이미 세상을 보기도 전에 성도님 어머니는 성도님이 지극히 거룩하신 분의 자녀가 되기를 거의 매일같이 기도하셨죠. 더군다나 지극히 높고 거룩하신 분의 복음전파를 위한 종으로 삼아주시기까지도 간절히 기도하셨답니다. 자 계속 보세요."

말소리가 더 이상 들려오진 않았지만 아기를 밴 성도 어머니는 계속해서 기도를 하고 있었다. 그때였다. 진열장 안쪽 위에서 반짝이는 별 하나가 서서히 성도 어머니 위로 다가왔다.

성도를 밴 어머니의 머리 바로 위에 이르러 별이 움직임을 멈추었다. 이어 별에서 밝은 빛줄기 하나가 성도 어머니를 향해 비추었다. 주위는 어두워져 있었다. 성도 어머니를 향하는 빛이 뜨겁다거나 그녀의 눈에 거슬리지는 않았던지 아기를 밴 여인은 아무런 반응을 보이지 않았다. 그녀는 그 빛을 전혀 알아채지 못하고 있는 것처럼 보였다.

"저 빛줄기는 참으로 아름답군요! 마치 금가루가 섞여 있는 것처럼 금빛을 내고 있어요. 멋집니다."

성도가 소곤거리듯 말을 했다.

"저 빛은 지극히 거룩하신 분의 지시로 만들어진 것으로 천사가 오르락내리락하는 길이죠. 지금 천사가 성도님 어머니 기도를 금쟁반에 고이 담아 지극히 높으신 분 앞으로 가져다 드리고 있답니다. 저기 보이는 천사가 작아서 확인하기에는 무리가 있겠지만 별을 향해 오르고 있는 천사가 누구와 닮은 것 같지는 않나요?"

"글쎄요. 너무 작아서 확인하기 어렵군요. 천사가 저렇게 작은가요?"

"그렇지 않습니다. 지금은 관람을 위해 상징적으로 등장한 것뿐이지 작지 않습니다. 저 위의 별도 원래는 엄청 큰데 지금은 작게 보이잖아요. 저기 보이는 천사는 현관에서 성도님에게 꽃다발을 걸어준 분이랍니다. 그리고 훗날 성도님이 기도하는 중에도 저기 있는 천사가 간혹 수고해 주었죠."

"그랬군요. 그분이 천사였군요! 저를 안다고 하신 이유가 이것이었군요. 그런데 나이는 저하고 비슷해 보이던데요? 아니 더 어려 보이는 것 같기도 했는데......"

"그렇게 보이는 것이 맞습니다. 천사는 나이를 먹지 않죠. 저 천사는 사람의 나이로 치자면 30대입니다. 천사는 지극히 높으신 분께서 처음 준 모습 그대로를 일정하게 유지하고 있습니다. 자, 성도님 이곳에서의 관람은 끝났습니다. 이제 장소를 이동해서 관람을 하시죠."

성도가 고개를 돌려 주위를 둘러보는데 관람객이 하나도 보이질 않았다.

"다른 분들은 이미 관람을 마치고 다음 장소로 이동했답니다."

하영이 혹시라도 성도가 불안해 할 까 싶었는지 먼저 말을 꺼내 알려 주었다. 성도와 하영은 다음 관람 장소를 향해 나란히 발걸음을 옮겼다. 그런데 채 몇 발자국 띠었을 즈음에 성도가 놀라워하며 뒤로 한 걸음을 물러났다. 불과 몇 걸음 앞에 시뻘겋게 불이 타오르는 불기둥 같은 것이 별안간 위에서부터 떨어져 내려와 성도 앞에 떡하니 선 것이었다.

"하영님 불이 났나 봐요?"

"안심하세요. 저것은 불기둥이랍니다. 무엇을 태우거나 하지는 않습니다."

"불기둥이요? 혹시 그럼 저것이 출애굽 당시 이스라엘 백성들 앞에 있었던 그런 것과 같은 종류란 말씀인가요?"

"예, 맞습니다. 그러나 저것은 실제 크기와 다릅니다. 저것은 그 당시의 것을 축소한 것이군요."

"그것이 왜 여기에?"

성도가 하영에게 또 다른 질문을 던지는데 갑자기 불기둥이 자취를 감추었다. 그리곤 불기둥이 서 있던 자리에 이번에는 구름들이 둥글게 둘둘 말린 기둥이 모습을 나타냈다.

"그럼 혹시 저것은 구름기둥인가요 하영님?"

"그렇습니다. 이것들이 성도님 앞에 등장한 것은 어떤 의미를 전해주려는 의도입니다."

"어떤?"

"불기둥과 구름기둥은 당시 이스라엘 백성들을 약속의 땅 가나안으로 인도하기 위해 길을 앞서 나갔습니다. 이른바 길잡이 역할을 했죠. 길잡이 역할을 한 이것들이 성도님 앞에 등장한 것도 이와 동일합니다. 성도님 삶도 앞서 행하시는 지극히 거룩하신 분의 은혜로만 이끌려서 가게 된다는 것을 알려주는 것이랍니다."

1-5. 유아기 ZONE

성도는 불기둥과 구름기둥이 등장했던 곳 바닥을 유심히 살폈다. 하지만 그 어떤 흔적도 그곳에 남아 있지 않았다. 하영이 뒤돌아서서 성도를 바라보곤 빙그레 웃음을 지어보였고 자신을 바라보는 성도를 향해 어서 오라는 의미의 손짓을 했다.

"성도님 두 번째 관람 장소를 가기 전에 다른 곳을 잠깐 들려 관람하고 가시죠."

"뭔가 특별한 것을 전시해 놓으신 건가요?"

"그렇답니다. 가보시면 알게 되실 겁니다."

두 번째 전시장을 목전에 두고 오른쪽으로 문이 하나 있었다. 문에는 아무런 표시가 되어 있지는 않았다.

"여기로 들어가시죠."

하영이 문을 안쪽으로 밀었다. 들어선 방 조명은 복도와 똑같은 밝기로 되어 있었다. 규모는 약 5평 남짓 되어 보였다. 방의 정 중앙에는 뭔가 중요한 것을 보관하고 있는 것처럼 단단해 보이는 두꺼운 유리와 밑으로는 밤색나무로 제작된 전시테이블이 놓여 있었다. 성도와 하영이 나란히 테이블로 이동했다. 전시테이블 안에는 낡은 성경책 세 권과 찬송가 두 권 그리고 낡은 가제 손수건 몇 장과 대충 엮어 만든 조그만 나무십자가가 전시되어 있었다.

"하영님. 여기 있는 성경책들이 오래 되고 낡기는 했지만 제가 볼 땐 따로 전시할 만큼 유물적 가치가 있는 것은 아닌 것 같은데 누군가 특별하신 분이 사용해서 이곳에 전시된 것인가요?"

"당연히 그렇습니다. 아주 소중한 분이 귀중하게 사용하셨던 것이지요."

"어느 분이요? 혹시 순교자이신가요?"

"음, 그 정도라고 해도 과언은 아닐 듯합니다."

"뜸 드리지 말고 속 시원하게 말씀해 주세요."

"일단 팁을 하나드리죠. 맞춰 보세요. 오늘 인생박람회에는 많은 분들이 관람을 오셨지만 제가 담당하여 안내를 맡고 있는 시간만큼은 오늘의 박람회가 성도님을 위한 박람회랍니다. 이해가 되시나요?"

"아, 그럼 여기 이것들도 저와 관련이 있다는 말씀이시군요."

"그렇습니다."

성도는 전시테이블 쪽으로 얼굴을 바짝 가져가서 전시된 물건들을 꼼꼼히 내려다보았다.

"음, 아무리 봐도 제 것은 아닌 것 같은데……"

"그것들은 모두 성도님의 어머님 것이랍니다. 성도님이 태어나기 전과 후에 사용하시던 물품들입니다."

"어머니가요?"

"성경은 왼쪽부터 순서적으로 전시해 놓은 것입니다."

"그런데 하영님. 뭔가 착오가 있지 않나 싶은 데요. 왼쪽부터 순서적이라고 하셨는데 중간에 있는 성경책이 제일 낡았어요. 성경책 반쪽이 아예 떨어져 나가고 없어요. 그리고 뭘 투명테이프를 저렇게 덕지덕지 붙여놨는지…… 마지막 성경책도 많이 낡았어요. 저것은 물에 빠뜨렸던 것처럼 부풀어 올라와 있기까지 하네요."

"예. 제가 설명을 드리죠. 제일 첫 번째 성경책은 성도님의 어머님께서 처녀시절에 사용하시던 성경으로 한문성경책이죠. 6.25직후에 제작된 것이랍니다. 아주 오래되긴 했지만 비교적 관리가 잘 되어 있죠. 두 번째 성경책은 성도님의 어머니가 시집오신 후에 사용하시던 것인데 성도님의 아버님과 다툼이 있었던 언젠가 성도님의 아버님께서 그것을 찢어 버린 일이 있었죠. 제가 아는 바로는 저 성경책 수난이 세 번 정도 있었던 것으로 알고 있습니다. 그나마 성도님의 어머니께서 투명테이프로 정성을 다해 살려 논 것이 저 모습이랍니다. 마지막 성경책은 성도님의 어머님께서 항상 성경을 품에 안고 기도하며 흘리신 눈물이 저곳에 쌓이고 쌓여 저런 모습을 가지게 되었던 것이죠."

하영의 말을 듣던 성도가 갑자기 울컥했다. 망가진 성경책을 보고 있자니 어머님의 고단했던 삶이 그대로 전해지는 느낌을 경험하고 있었던 것이다.

"그리고 저 옆의 가제 손수건들은 피곤한 삶 가운데서도 감사와 소망과 용서의 기도를 하며 수없이 흘렸던 눈물을 닦아낸 손수건들이랍니다. 거룩한 어린 양께서도 저것들을 보실 때마다 언제나 눈물을 흘리신 답니다. 언젠가는 제가 어린 양 옆에 있었는데 이미 저도 알고 있는 사실임에도 불구하고 저 손수건이 누구의 것이며 누구와 무엇을 위해 흘린 눈물을 닦아낸 것이라고 친히 알려주시면서 눈물을 흘리셨답니다. 그리고 저 끝에 있는 나무십자가는 성도님의 어머님이 고난 가운데서 혹시라도 은혜로우신 어린 양을 모른 체라도 할까봐 직접 엮어 만드시고 항상 품에 품고 있었던 십자가랍니다. 성도님의 어머님은 자주 저 십자가를 꺼내 들고 어린 양을 생각했죠. 당신은 십자가보단 덜 받는 고통이라고 말씀하시면서 어린 양께 감사의 기도를 드렸답니다."

"……"

성도는 더 이상 무엇을 말해야 좋을지 몰라 입을 굳게 다물고 있었다. 한동안 전시테이블 방에는 침묵만 흘렀다. 잠시 후 하영이 성도의 손을 살짝 붙잡더니 자신을 바라보는 성도에게 방을 나가자는 표시로 고개를 문 쪽으로 향했다.

"하영님. 혹시 저곳은 아무라도 문을 열고 들어가 관람을 할 수 있나요?"

방을 나온 성도가 하영에게 물었다.

"저곳 관람은 오직 성도님 외에 다른 관람인들은 들어가지 못한답니다. 물론 다른 관람인들의 방도 우리는 들어가지 못하죠. 지금 다른 관람인들은 자기들의 인생과 관련된 것을 관람하느라 눈에 띠지 않는 것입니다."

두 번째 도착한 전시장도 거대한 투명유리가 설치되어 있었다. 다만 첫 번 전시장과 다른 점은 네온사인이 아랫부분에 설치되어 있다는 점이었다.

성도가 도착하자마자 그곳 네온사인에 글자가 나타났다. '하성도의 유아기' 성도는 잠시 동안 네온사인만 빤히 내려다보았다. 하영은 성도의 얼굴을 곁눈질로 힐끔 바라다보았다. 그렇지만 하영은 아무런 말을 하지는 않았다. 잠시 후 성도가 입을 열었다.

"저기, 하영님. 네온사인 글자를 왜 빨간색으로 했을까요? 우리 민족은 빨간색으로 이름을 표기하면 불쾌하게 생각할 수 있는데도 말이죠. 초록색이나 파랑. 아님 흰색도 무난할 것 같은데 말이에 요."

"거기에는 합당한 이유가 있답니다. 제가 직접 말하기보다는 그 것을 염두에 두고 관람하시면서 성도님께서 직접 알게 되는 편이 좋을 듯싶습니다. 아마 성도님은 쉽게 알아차릴 수 있으리라 여겨 집니다."

"옙, 알겠습니다."

대답은 시원스럽게 했지만 성도가 잠시 동안 생각에 빠졌다.

'여기서는 뭐든 궁금한 것이 있다면 그게 뭐든 해결 가능한가 보네. 굳이 먼저 알려고 애쓰지 않아도 자연스럽게 모든 궁금증이 해결되나보군. 그래 그냥 관람만 즐기자고.'

고개를 들은 성도가 곁에 서 있던 하영을 바라보는데 그의 눈과 정면으로 마주쳤다. 하영 얼굴에는 미소가 잔뜩 이었다.

'어라. 이분 얼굴에 주름이 하나도 없네! 뭐지?'

하영이 진열장 안을 주시하라는 의미로 검지를 까딱해 보였다.

첫 번 관람처럼 진열장 안쪽은 몹시도 어두웠다. 그렇지만 어둠 을 성도가 주시하자 그것이 안개 사라지듯 서서히 사라져갔고 동 시에 진열장 안쪽 멀리서 방 하나가 성도와 하영이 있는 곳을 향 해 점점 모습을 크게 하며 다가왔다. 방 안에는 젊은 남녀가 서 있었다. 그들은 성도아버지와 어머니로 성도를 낳고 얼마 지나지 않은 때였다.

그런데 두 사람의 상태가 통 다정해 보이지 않았다. 아직까지는 신혼의 시기라서 깨가 쏟아지는 모습이 엿보여야 하는데 그렇지 않아 보였다. 오히려 다투는 장면인 것 같았다. 성도는 고개를 갸우뚱 거렸다. 곧 진열장 안에서 말소리가 들려왔다.

"여보, 안 돼요. 당신이 그동안 얼마나 수고해서 겨우 장만한 집인데 이것을 그냥 넘긴다고요? 그리고 우리도 부족한 입장인데 이 돈까지 전부 드린다고요?"

성도어머니는 나지막하면서도 단호한 음성으로 성도아버지를 향해 하소연을 했다.

"그럼 어떡해. 친형 부탁인데. 이런 말하기 쉽지 않았을 텐데 우리가 이해해야지. 그리고 내가 어렸을 때 형 아니었으면 벌써 굶어 죽었을 거야. 그러니 뭐가 아까워. 집이야 다시 벌어 사면되고 돈이야 또 벌면 되지."

성도아버지는 술을 한 잔 걸친 모양새였다. 얼굴은 벌게져 있었고 성도어머니의 눈을 부러 피해 방바닥과 천장을 번갈아보면서 될 대로 되라는 식의 항변을 하고 있었다.

이쯤에서 그들이 다투는 장면이 멀어져 갔다. 천천히 방이 멀어져 가는 중에 진열장 안쪽에서 갑작스레 쪽빛이 한 번 번쩍였다. 마치 번개 같아 보였다. 이어 이상한 소리들이 들려왔다. 수많은 사람들이 뒤엉켜 웃는 웃음소리 같았다. 그런데 흔한 즐거운 웃음소리와 전혀 달랐다. 영화에서나 들을 수 있는 효과음처럼 귀신들 여럿이서 비웃음 치는 듣기 불편하고 스산한 웃음소리였다. 성도가 고개를 갸우뚱하는데 하영이 설명을 해주었다.

"그렇습니다. 성도님. 안타깝지만 사탄들이 비웃는 겁니다. 자기들 계략에 말려들었다고 말이죠. 방금 전 번쩍였던 쪽빛은 성도님의 부모님들에게로 사탄이 파견되어 가는 것이랍니다."

"사탄이 왜요? 아까는 천사가 왔었다고 했잖아요."

"천사는 사람들과 지극히 높으신 분 사이에서 심부름 역할만 수행할 뿐입니다. 사탄과 맞서 싸우는 것은 지극히 높으신 분의 지시가 있을 때에만 가능합니다. 천사는 임의로 행동을 전혀 안 합니다. 설상 그것이 꼭 해야 할 옳은 일이라 하여도 말이죠. 그러나 사탄은 자기 마음대로입니다. 그래서 지극히 높으신 분의 말씀을 거역하는 데까지 나간 것이죠."

"그런데 우리 부모님들은 무엇을 가지고 다투고 계셨던 것인가요?"

"성도님 아버지의 큰 형님 되시는 분이 성도님 아버지께서 소유하고 있던 집을 달라고 하셨어요. 또 사업자금이 모자란다고 돈도 함께 요구했고요. 성도님 아버님은 요구대로 모든 것을 넘겼답니다."

"저의 소견으로는 아버지의 결정이 나쁜 것 같지 않은데 무엇이 문제란 것이죠? 오히려 욕심을 부리는 쪽이 문제이지 퍼 주는 것이 뭐가 잘못이라고요? 또 사탄의 계략이라니요?"

"사탄은 때때로 사람의 선행을 역이용하기도 한답니다. 선을 넘겨주게 하고는 고통을 안겨다 줍니다. 모든 선한 행위가 무조건 해피엔딩은 아니랍니다. 사탄은 이것을 쌔드엔딩으로 만들죠.

이해를 돕기 위해 예를 들어 보겠습니다. 어떤 단체가 공금으로 선을 행하려 할 때 모두가 한 마음으로 결정한 선한 행위라면 문제될 것이 없겠죠. 그러나 합의와 아랑곳없이 누군가가 독단적으로 선행을 했다고 해서 칭찬받을 일은 아니라는 것입니다. 엄격하게 그것은 공금을 횡령한 것이죠. 가족들에게도 공금은 존재합니다.

그리고 선한 행위의 당사자와 그것을 만류하는 단체가 체감하는 고통의 강도는 확연하게 차이를 가집니다. 좀 더 쉽게 설명을 드리죠. 과도하게 선을 베풀고 난 후 금전적인 부족으로 인한 악영향이 발생하게 된다면 그것을 대하는 당사자와 단체의 모습은 동일하지 않습니다. 선을 행한 당사자는 부족의 어려움을 당연시 여기고 버텨내고자 할 것입니다. 그러나 아무런 이유를 모르는 단체는 그렇지 못합니다. 비록 한 지붕 아래 살고 있는 가족일지라도 행동양식이나 처리방식이 꼭 같다고는 할 수 없답니다. 동일한 어려움일지라도 시련은 서로 다른 차원으로 마주하게 된답니다.

다른 예를 들어 말씀드리겠습니다. 어떤 목사님의 가정이 있다고 가정해보죠. 목사님만이 감당할 어떤 고난을 온가족이 동일하게 겪어내는 것이 당연한 것이라는 생각은 사실 목사님만의 것입니다. 목사님의 가족 구성원들은 목사님의 이런 생각에 오히려 불만을 품게 될 것입니다. 그렇지만 상당수의 목사님들이 자신의 고초를 가족이 함께 공유할 것을 지극히 당연하게 여기곤 한답니다. 목회 과정에서 발생하는 선한 고난일지라도 감당할 각각의 신앙이나 인생문제는 목사님이 결정할 것이 아닌데도 말입니다. 인생의 모든 고난은 지극히 거룩하신 분의 뜻에 의해서만 결정되어야합니다.

그리고 더욱 위험한 것은 선한 행위로서 구원을 받게 된다는 생각에 사로잡혀 있는 것이죠. 선한 행위는 지극히 높고 거룩하신 분을 향한 사랑이 시발점으로 작용해야만 합니다. 즉 거듭난 신자에게서 보이는 특징 중 하나라는 것입니다.

그런데 선이라는 행위에만 정당성을 두어 무조건 참여하는 것이 옳다 여기는데 이것이 때론 함정일 수 있다는 것입니다. 성도님 아버지의 선행도 삼자들의 눈에서는 옳은 행위라고 여길 것입니다. 그렇지만 지혜롭지 못했고 더욱이 지극히 거룩하신 분의 명령을 따름도 아니었습니다.

성도님 아버님의 실수는 대략 세 가지입니다. 첫째, 가족과의 합의를 완전히 묵살했습니다. 둘째, 후에 나타난 금전적 부족으로 말미암은 좋지 못한 여파를 스스로 감당하거나 이겨내지 못했습니다. 셋째, 이겨내지 못한 자신을 미워하면서 악감정이 가득한 채로 그것을 고스란히 가족들에게 돌려주곤 했습니다. 그 결과 가족들을 육체적, 정신적으로 핍절과 곤경 속에 빠뜨렸던 것입니다.

만약 성도님 아버님의 행동이 지극히 거룩하신 분에 의해서 실행된 것이라면 이런 결과가 나타났을 것입니다. 목표를 세우고 그것을 바라보며 용기를 잃지 않았을 것인데 부정보단 긍정의 힘이 강하게 작용했을 것입니다. 그래서 훌륭한 지도자는 조직원들에게 동기부여를 잘해주며 목적의식 또한 자신과 타인들이 잃어버리지 않도록 만들어 준답니다.”

“예, 무슨 말씀이신지 이해합니다. 감사합니다. 하영님.”

“성도님. 이곳의 관람은 여기까지랍니다. 다음 장면 관람을 위해서는 또 이동이 필요합니다.”

성도가 다음 전시장을 향해 하영의 뒤를 조금 떨어져 따라가는데 풀이 죽어 있는 것처럼 어깨가 축 쳐져 있었다. 입술도 한껏 부풀어 있었고 발걸음마저도 점점 느릿해졌다. 그간 도무지 모르고 있던 어머니의 슬픈 뒷이야기를 직접 눈으로 확인 한 성도 마음이 편할 리가 없었다. 이것을 알아 챈 하영이 성도에게로 다가가서는 슬그머니 말을 걸었다.

　"성도님 잠간 쉬었다 가시겠어요? 우리 카페에 가서 차 한 잔 하면서 잠시 휴식시간을 가져요."

　"여기에 카페도 있었어요. 커피 냄새 같은 것이 전혀 안 나는데요?"

　"이곳 전시장에는 없을 건 없고 있을 건 다 있답니다."

　"그건 화개장터이야기인데……"

　성도는 그가 평상시 애음하던 커피 예기에 기분이 다소 나아진 듯해 보였다. 그렇잖아도 성도는 기분 탓이었는지 모를 일이지만 따뜻한 커피가 생각나던 참이었다. 다음 전시장까지는 채 몇 걸음 남지 않았다.

　하영이 다음 전시장을 가기 바로 전 반대편에 설치된 2층으로 오르는 계단 앞에 서서 성도를 불렀다. 나무로 된 계단을 오르려고 성도가 발을 올리자 계단이 에스컬레이터처럼 작동을 했다.

　"나무로 되어 있어서 계단인 줄 알았는데 에스컬레이터였네요?"

　"그렇습니다. 나무로 덧입혀져 있답니다. 이것의 재질은 백향목이죠. 성도님께서 전에 이용하셨던 에스컬레이터는 쇠로 되어있었을 것입니다. 그것은 사이사이에 때가 많이 끼죠. 그것을 방지하기 위해 여기는 나무로 덧입혀 놓은 것이랍니다."

2층 카페는 속이 후련할 정도로 넓은 공간으로 탁 트여 있었고 넓은 공간 삥 둘레는 거대한 능수버들들이 자리 잡고 있었다. 1층 관람 장에서는 전혀 들리지 않던 파이프오르간의 묵직한 찬양연주 소리가 들려왔다.

특히 이곳 카페의 천장은 황홀했는데 마치 꿈을 꾸고 있는 것 같은 모습을 연출하고 있었다. 천장 전체는 맑은 유리로 제작되어 있었고 유리를 통해 태양 빛이 새어 들어왔는데 사방에서 들어오는 태양빛의 색깔이 달랐다. 동쪽 유리는 노란 빛을 만들어 내었고 서쪽을 통과한 태양빛은 보라색으로 변해 비추었다. 남쪽 유리를 통과한 빛은 붉은 색을 띠었고 마지막으로 북쪽 유리는 청 푸른 하늘색을 만들어 내고 있었다.

"하영님. 저 유리천장은 스테인드글라스로 제작된 것인가요? 아닌 것 같기도 한데 말이죠……"

"물론 그것처럼 보이지만 맹 유리랍니다. 지극히 높으신 분께서 직접 명령하셔서 제작된 것이랍니다."

"정말 놀랍고 신기합니다. 네 가지 색, 아니 네 가지 빛이 어우러지니 기가 막히는 아늑함이 이곳에 연출 되네요. 마치 하늘에서 저 색깔들이 땅으로 천천히 내려앉는 것 같아요!"

성도의 시선이 위쪽에서 아래로 향하더니 이번엔 카페의 탁자들에 눈이 고정되었다. 두툼한 원형의 탁자들은 원목으로 제작되어 꽤나 무거운 듯해 보였다. 호기심이 발동한 성도가 양손으로 붙들고 힘을 주는데 탁자는 꿈쩍도 하질 않았다. 의자 역시 원목 재질이었지만 탁자와는 달리 무게를 전혀 느끼지 못할 만큼 가벼웠다. 성도가 의자를 한 팔로 들어 올렸다.

약 천 여명이 동시적으로 이용할 수 있을 만큼 규모가 큰 카페였지만 현재 손님이라고는 딸랑 성도와 하영 둘뿐이었다. 하영이 먼저 자리를 잡고 나서 성도를 불렀다. 성도가 의자를 당겨 앉으며 하영에게 물었다.

"하영님 무엇을 좋아하세요? 오늘 저를 위해 수고하시는데 커피는 제가 대접하겠습니다."

성도가 뒷주머니에서 지갑을 빼들었다.

"아닙니다. 성도님. 이곳 카페지배인이 곧 가지고 올 겁니다."

"벌써 주문을 하셨어요?"

"여기서는 굳이 말이 필요치 않습니다. 박람회 내에서 일하는 사람들은 관람객에 관한 모든 정보를 이미 알고 있습니다. 조금 있으면 성도님이 즐겨 마시는 차를 가져 올 거예요."

하영 대답에 성도가 별안간 아무런 대꾸를 하지 않고 멍한 상태가 되어 앉아만 있었다. 곧바로 흰색 블라우스와 짙은 갈색의 치마 그리고 푸른색 주방가운을 걸친 카페매니저가 번쩍이는 금색 쟁반 위에 김이 살짝 피어오르는 음료를 두 잔 가져왔다.

"아메리카노 가져왔습니다. 성도님은 따뜻한 커피를 좋아하시죠? 많이 뜨겁진 않지만 혹시라도 입안을 데일 수도 있으니 조심하세요."

카페매니저는 먼저 성도에게 다가와 커피 잔을 살며시 내려놓고는 이어 하영에게로 다가가 커피 잔을 조심스럽게 내려놓았다.

"저기 매니저님. 제가 뜨거운 아메리카노를 좋아한다는 것을 어떻게 알고 계셨던 것인지 혹시 질문을 드린다면 실례가 될까요?"

성도는 이미 하영에게 들었던 사실이지만 다시 한 번 확인하고 싶었던지 카페매니저를 향해 물었다.

"전혀 그렇지 않습니다. 성도님. 성도님과 관련된 사항은 지극히 높은 곳에 계신 분이 앞서 주지시켜 주셨답니다. 무엇을 좋아하고 어떤 상태를 원하는지 같은 것들입니다. 이미 커피 값도 지불하셨습니다. 아무 염려마시고 이곳 카페에서 편한 시간 보내세요. 제가 잠시 후에 커피와 함께 즐겨 드시는 카스텔라도 가져다 드리겠습니다."

쟁반을 두 손으로 떠 받쳐 들은 카페매니저가 성도를 향해 차분하게 대답했다.

"그런 것이었군요. 감사합니다. 매니저님."

성도가 자리에서 일어나 카페매니저에게 고개까지 숙여가며 감사의 인사를 했다.

"또 다른 말씀도 드려야겠군요. 이 커피는 평소에 성도님이 마시던 것과 다른 점이 있답니다. 성도님의 기분전환에 큰 도움을 줄 것입니다."

카페매니저가 떠나자마자 하영을 바라보곤 성도가 물었다.

"처음부터 대충 짐작은 하고 있었지만 혹시 여러분들이 말씀하시는 지극히 거룩하고 높으신 분이 야훼 하나님 맞는 거죠?"

"예, 그렇습니다. 그러나 저희는 성도님처럼 그런 호칭을 사용하지 못합니다. 성도님 같이 자녀로 택함을 입은 분들만 사용할 수 있는 호칭입니다. 십자가에 달리셨던 어린 양의 희생을 통해 이루어진 은혜의 결과죠. 다른 호칭도 있죠. 부드러우면서 애착이 증대된 호칭인데 평소 성도님께서도 자주 사용하시는 것이죠."

"예, 무슨 말씀을 하시려는지 알고 있습니다. 아버지라는 호칭이죠. 아바 아버지."

"맞습니다. 그래서 지극히 높으신 분께서는 성도님과 관련해서는 모르시는 것이 전혀 없을 뿐만 아니라 우리라도 알 수 없는 기대와 관심을 가지고 계십니다. 그래서 어떤 때에는 우리로서도 통 이해할 수 없는 일들을 맡기실 때도 있답니다."

"정말요? 성경을 통해 알고는 있었지만 직접 하영님에게 듣고 있자니 진한 감동이 갑자기 확 밀려옵니다. 그것이 하나님의 호의가 맞는 거죠. 감사하네요."

성도는 조금 덥다고까지 말하며 얼굴이 상기되어 말을 했다. 약간의 침묵이 두 사람 사이에 흘렀다. 이윽고 한 모금 커피를 마신 성도가 하영에게 말을 걸었다.

"저 혹시 하영님도 천사, 맞나요?"

"성도님께서 그렇게 여기시면 그렇고 저렇게 보신다면 저럴 수 있습니다. 하하하."

하영이 멋쩍은 웃음을 지어보이며 대답했고 성도는 하영의 웃는 얼굴을 그저 바라만 보았다.

"……"

"커피 맛은 어떤가요? 일상에서 마신 것과 비교하면요."

하영이 커피를 한 모금 들이키고는 반색하며 성도에게 물어왔다.

"글쎄요. 일단 맛을 말씀드리자면 세상 어디에서도 경험해보지 못한 최고의 맛입니다. 미세한 신맛과 쓴 맛 그리고 진하고 고소한 초콜릿 맛이 지금껏 제가 원했던 바로 그 맛입니다. 향까지도 일품을 넘어 감히 명품이라고 말씀드리고 싶습니다. 땅콩을 으깬 고소한 향이 기가 막힐 정도예요. 그리고 카페매니저 말처럼 마실 때마다 기분이 유쾌해 지는 것 같은데 혹시 이게 맛 때문일까요?"

"그것도 맞는 답일 것입니다. 사실 그 커피는 성도님이 원하는 맛과 온도에 계속해서 정확히 맞추어져 있답니다."

성도가 커피 한 모금을 천천히 입에 넣었다. 커피 잔을 내려놓는 성도가 고개를 한 번 갸우뚱거리더니 하영에게 물었다.

"하영님. 기분 탓인가요? 커피 온도가 처음 마실 때와 거의 동일한 것 같아요. 지금쯤이면 식을 때가 되었을 텐데도 말이죠!"

"방금 말씀드린 대로 성도님의 커피는 잔에서 모두 사라질 때까지 처음 온도를 일정하게 유지하고 있답니다. 그래서 커피 맛에 변함이 없는 것이지요. 성도님은 그것을 좋아하시죠? 하지만 어떤 분은 달리 맛의 변화를 추구하기도 한답니다. 그때에는 그렇게 맞춰서 온도가 달라지기도 합니다."

"여기는 정말 놀라운 것투성이네요! 그렇게 할 수 있는 방법이……"

하영이 대답에 뜸을 들이자 성도가 먼저 말을 꺼냈다.

"설마 비밀인가요?"

"그것을 설명하자면 꽤나 복잡합니다. 다만 아주 간단히 말씀을 드리자면 오늘 박람회에 존재하는 모든 것들은 모든 관람객의 취향을 존중하고 그것을 향하고 있다는 점만 말씀드릴 수 있겠습니다."

"그렇군요. 근데 하영님의 말씀을 듣자니 상당한 부담까지 느껴지는데요."

때마침 대화로 잠시 잊고 있었던 백파이프오르간의 장엄한 연주소리가 성도의 귓전을 울렸다.

"어느 누군가 널 위해서 누군가가 기도한다네. 네가 무거운 짐을 홀로 지고서 괴로워 할 때 그리고 외로워서 몸서리칠 때......."

성도의 작은 실눈이 아예 자취를 감추었는데 성도는 오르간의 찬양연주소리에 아주 빠져들었다.

1-6. 유년기 ZONE

유리진열장 위에 걸린 네온사인에 '하성도의 유년기'라는 글자가 선명한 붉은색으로 표시되어 있었다. 하영은 성도를 향해 손가락 세 개를 펴 보이며 말했다.

"이곳에서는 각각 다른 세 장면이 등장하게 됩니다."

"세 장면씩이나요?"

성도가 눈을 동그랗게 만들고 유리진열장으로 고개를 돌렸다. 진열장 안의 어둠이 그대로 남아있었다. 그때 진열장 안을 바라보는 성도의 곁으로 남녀 대여섯 사람이 꾸역꾸역 모여 들었다. 그들도 자신들의 유년시절을 관람하러 왔던 것이었다. 성도는 순차적으로 도착하는 그들을 향해 일일이 머리 숙여 인사를 했다. 그들도 성도를 보곤 답례인사를 했고 서로를 바라보면서 반가움을 표시했다.

그 중에 어떤 사람은 얼마나 눈물을 흘렸던지 눈언저리가 심하게 부은 이도 있었다. 또 다른 관람인은 아예 토끼눈처럼 빨갛게 되어 있었는데 아직까지도 눈물을 머금고 있기까지 했다. 하지만 그들 모습이 비참함으로 만들어진 슬픔이나 괴롬의 표정들이 아니었음을 성도는 잘 알고 있었다.

오히려 그들은 기쁨과 환희 그리고 감사가 원인이 되어 만들어진 표정이었다. 비록 그들의 눈가는 붓고 눈동자 주위 색이 변하고 심지어 눈물까지 그렁그렁 했지만 그들 모두는 온화하고 평화스러운 인상이었고 얼핏 희미한 광채마저 피어나는 것처럼도 보였다.

이윽고 그곳에 모인 모든 이들이 동시에 진열장 안을 주시했다. 성도의 눈에 보이는 어둠이 차츰 밝아지는 것과 동시에 방 하나가 성도가 서 있는 곳 앞으로 가까이 다가왔다.

방 안에는 성도부모님들이 있었는데 그것을 바라보는 성도 얼굴이 점점 굳어져 갔다. 방 천장 위에서는 정체모를 무언가가 꿈지럭거리고 있었다. 성도는 방 안의 풍경보다는 오히려 그것에 집중을 했다.

성도는 처음에 꿈지럭거리고 있는 것을 그림자로 착각했다. 그러나 그것이 아니었다. 실물이었다. 사람 모습 같기도 한데 딱히 그것이라고 단정할 수만도 없었다. 얼굴 전체를 검은 색 가면으로 감추었던 것인지는 몰라도 눈, 코, 입 형상이 보일 듯 말 듯했다. 전신도 자체가 검은 것인지 아니면 검은 옷을 짝 달라붙도록 입은 것인지 온통 검은색 천지였다. 여하튼 머리부터 발끝까지 검게 물든 그것이 엉거주춤한 자세로 성도부모님들이 있는 방을 내려다보는 시늉을 한 채로 있었다.

멈춰 있던 장면에 드디어 움직임과 말소리가 들려오기 시작했다. 성도아버지가 성도어머니의 앞 머리채를 오른손으로 움켜잡았다. 그리곤 성도어머니의 뒤통수를 벽에다 두 번 박아댔다. 성도어머니의 뒤통수가 벽에 부딪치는 소리가 심할 정도로 크게 들려왔다. 순간 성도는 깜짝 놀라 어깨마저 움찔거렸고 무의식적으로 한 발짝 뒤로 물러나기까지 했다. 성도아버지의 무지막지한 그런 행동은 세 번이나 연속으로 이어졌다. 이어 또 다른 장면이 성도의 얼굴을 완전히 붉게 만들어 버렸다. 성도어머니의 뺨을 아버지의 큰 손으로 후려갈겼는데 어머니 얼굴에 아버지 큰 손자국이 선명하게 그대로 새겨졌다.

"왜 그렇게 빚을 져가지고 사람 망신을 주고 그래."

아버지가 어머니를 향해 뺨을 갈긴 뒤에 고래고래 큰 소리로 다 그쳤다. 그때 성도 눈이 이글거리는 성도아버지 눈에 꽂혔다. 성도아버지는 정상인 눈이 아니었다. 두 눈 모두 충혈 되어 있었는데 마치 광선을 쏘아대는 것처럼도 보였다. 성도는 얼빠진 얼굴이 된 채로 나지막하게 혼잣말을 했다.

"무서워. 너무 싫어."

잠시 후 성도아버지는 충혈 된 눈이 번져 간 것처럼 얼굴 전체가 온통 시뻘겋게 덮여 있었다.

"그럼 어떡해요. 당신은 벌써 몇 년째 놀고 있고 성도는 커가고 방세는 밀려가고 가족 모두 굶고 살아갈 수만도 없잖아요."

울먹거리는 성도의 어머니 말소리였지만 의외로 차분했다.

"어디서 뭘 잘 했다고 말대꾸야. 지금 대드는 거야!"

성도아버지는 성도어머니가 잘못했다고 사과를 하며 두 손으로 싹싹 빌기까지 하는 대도 온 몸을 무지막지하게 폭행해 댔다. 성도 어머니가 거의 졸도 직전까지 이르러서야 성도아버지의 무분별한 폭력은 끝이 났다.

성도 눈에서는 어느 새 굵은 눈물이 흘러내렸는데 박람회장 바닥까지 흥건하게 적셔놓고 있었다. 한편 성도의 들숨과 날숨도 가빠져 가고 있었다. 하영은 성도 곁에서 그의 처절한 모습을 고스란히 보고 있었지만 별다른 액션을 취하거나 하지는 않았다. 하영은 지금 성도 혼자만의 시간이 필요함을 잘 알고 있었다.

방 안에서 성도아버지가 폭력을 행사하는 동안 방 천장 위에 있던 검은 물체들이 덩실덩실 춤을 추어 댔다. 언제부터인지 하나가 아니라 일곱이 더 몰려와 있었다. 그것들 모두 비웃음소리를 크게 만들어 내면서 춤을 추어대었다.

성도아버지가 성도어머니를 향해 무자비한 폭력을 행사하고 방을 나섰다. 성도어머니는 한쪽 방구석으로 옮겨가 옹송그린 자세로 눈물만 하염없이 흘렸다. 그때였다. 방바닥에 떨어진 눈물들이 한곳으로 모여들었다. 그렇게 모여든 눈물들이 방 벽을 향하더니 벽으로 곧장 스며들어 갔다. 벽으로 스며들었던 눈물들이 집 밖으로 나와 흐르기 시작했는데 어느새 조그만 개울을 이루어 흘러 내려갔다.

개울을 이룬 눈물이 계속 흘러가는데 어느새 굽이쳐 흐르는 폭넓은 시내로 바뀌었다. 시냇가 양편 언덕에는 말라 죽어 있는 나무 여러 그루가 심겨져 있었다. 마른 시내에 물이 흘러가자 죽은 나무들 가지가 기지개를 펴대며 되살아났다. 마른가지에 잎이 돋아났고 얼마 후에는 탐스러운 열매들마저 주렁주렁 맺혔다. 성도는 방 안에서 시작되어 흐르는 눈물을 따라 유리진열장을 이동하면서 이 모습을 관람했다.

"이 장면이었군요. 두 번 다시는 떠 올리고 싶지 않은 것이었는데 여기서 다시 볼 줄이야......"

흐르는 시내를 바라보던 성도가 울먹이면서 말했다.

"마음이 많이 아프시겠지만 조금만 더 보아주세요. 성도님."

한참을 울고 있던 성도어머니의 말소리가 세미하게 들려왔다. 주의 깊게 듣지 않으면 전혀 들리지 않을 아주 작은 소리였다. 얼핏 마음의 소리와도 같았다. 성도는 자신의 어머니가 있던 방 앞으로 이동했다. 성도어머니는 가냘픈 다리로 무릎을 꿇고 있었는데 한 손에는 대충 만든 나무십자가가 들려 있었고 다른 손에는 성경책을 가슴에 품고 있었다.

"주님, 너무 힘들어요. 왜 제게 이런 고통을 주시는지요. 제가 주님 마음을 그리도 아프게 했나요? 제가 살아야 할 이유가 있을까요? 말씀해 주세요. 아니면 이대로 죽고 싶습니다. 오로지 하나 있는 아들을 위해서 견뎌왔지만 지금은 아무 생각을 할 수가 없을 지경입니다. 그래도 저는 저이를 미워하지 않습니다. 하나님을 모르는 저이를 불쌍히 여겨주세요."

고단한 삶에 지칠 대로 지친 성도어머니가 푸념과 신음소리를 기도로 내뱉고 있었다. 그때였다. 성도어머니가 기도하고 있는 방을 향해 한 두 방울씩 무엇인가 위에서 떨어져 내리기 시작했다.

"하영님, 비가 내려요."

그런데 떨어지는 빗방울이 투명하지 않고 색을 띠고 있었다. 성도는 그것이 처음에는 빨간 물감인가 싶었다. 그러나 자세히 보니 핏방울이었다. 눈물을 흘리고 있는 성도어머니의 천장에 핏방울이 비처럼 쏟아져 내렸다. 어느새 정체불명의 모습들은 자취를 감추고 보이지 않았다. 유리진열장 안이 온통 붉은 색으로 물들었다.

"어어, 하 하영님. 저, 저 피는 뭔가요?"

성도가 화들짝 놀라워하며 말까지 더듬어 댔다.

"저 빨강색의 비는 갈보리 언덕에서 십자가에 달렸던 자비로운 어린 양이 흘리는 눈물이랍니다. 성도님의 어머니는 투명한 눈물을 흘리고 계시지만 어린 양은 피눈물을 흘리고 계신 것이랍니다. 은혜가 풍성한 어린 양은 당신의 자녀들이 괴로움 속에서 눈물을 흘릴 때 그들보다 더한 애통과 비통으로 그들의 슬픔을 공유하신답니다."

"그렇군요. 역시 예수님의 사랑은 무어라고 말로 표현할 수가 없는 사랑이군요!"

성도가 손등으로 눈물을 훔쳐내며 말했다. 방구석에서 무릎을 꿇고 계속해서 울고 있는 자신의 어머니를 측은한 눈빛으로 바라보던 성도가 단호한 어조로 하영에게 물었다.

"하영님. 얼마 전 저 방 위쪽에 있었던 것들이 무엇인지 알 것 같아요. 못된 사탄들 인거죠?"

"그렇습니다. 성도님의 아버님을 향해 맹렬한 공격을 퍼 붓고 있는 흉악한 놈들이죠. 처음엔 하나였는데 일곱을 더 데리고 왔군요."

"그럼 어쩌죠!"

"걱정 마세요. 방금 전 성도님 어머니의 눈물로 말라 죽어 있던 나무들이 되살아난 것을 보셨죠? 그것들처럼 회복 될 것입니다. 성도님 어머님께서는 혹독한 시련 속에서도 거룩한 어린 양을 향한 믿음과 사랑을 결코 포기하지 않았답니다. 그래서 지극히 높고 거룩하신 분께서는 성도님 어머니의 가슴 아픈 현실을 직접 당하는 성도님의 어머니보다도 더 마음아파 하시기도 했지만 더불어 흡족하게도 여기셨답니다.

성도님. 더 알려드릴 것이 있습니다. 사실 성도님 어머님의 믿음과 사랑의 유지가 가능했던 원인은 미쁘신 어린 양께서 성도님의 어머니를 꼭 붙들어 주신 결과였죠. 어찌 보면 성도님의 어머님은 지극히 거룩하고 높으신 분의 사랑의 통로로 쓰임을 받았던 것이랍니다. 허나 그럴지라도 고난을 극복함에서 사람의 의지가 전혀 필요하지 않은 것은 아닙니다. 성도님의 어머님은 붙드심에 확실하게 응답하셨죠. 지극히 높으신 분의 기대를 결코 저버리지 않으셨답니다. 그 결과 성도님 어머니의 눈물은 성도님마저도 살려놓게 되었죠."

"맞습니다. 전 그날 죽으려고 결심했어요. 저때가 초등학교 4학년 쯤 일겁니다. 나는 그때 벽을 사이에 두고 부엌 아궁이에 앉아 있었어요. 아무것도 하지 못하고 비명소리만 듣고 있었죠. 어머님께서 저토록 아픔을 당하고 계셨지만 제가 할 수 있는 것이라고는 하나도 없었어요. 언젠가 아버지의 무분별한 폭행을 말리려고 했더니만 오히려 아버지 폭력이 더 거세진 것이에요.

그래서 저 날은 생각 끝에 죽는 것을 결정해버렸어요. 내가 죽으면 아버지 폭력이 끝날 것이라 여겼죠. 부엌에 앉아 덩달아 울고 있었는데 때마침 제 눈으로 식칼이 들어오더군요. 칼자루를 오른손으로 집어 뾰족한 칼끝을 배에 갔다 댔죠. 두려움은 전혀 없었어요. 오직 다시는 어머니의 고통이 없기만을 바랄 뿐이었죠. 이어 왼손까지 포개어 두 손으로 힘을 주어 찌르려는데 어머니 슬픈 얼굴이 갑자기 눈앞에 아른거렸어요. 그리곤 내 무덤 앞에서 오열하시는 장면도 연달아서 보였죠. 어머니가 이내 까무러치시더군요. 그것을 보니 내가 선택한 죽음이라는 방법이 오히려 어머니에게는 엄청난 불효라는 것을 깨닫게 되었어요. 칼을 제자리에 놓고는 계속해서 울기만 했어요."

"그렇습니다. 저 당시 우리들도 결과를 도무지 알 수가 없어서 상당히 긴장한 상태로 있었답니다. 그러나 성도님 어머니가 어린 양을 향한 믿음 그리고 가족들을 향한 사랑과 용서로 흘린 눈물방울이 그 같은 참극을 막게 되었던 것이었죠."

"......"

성도는 하영과의 대화를 더 이상 잇지 못했다. 그가 말문이 막혀버린 데에는 충분한 이유가 있었다. 성도는 당시의 마음쓰린 사건이 어떤 이유로든 다시 떠 올라오는 것을 원하지 않고 있었다. 빨리 이 장면이 지나가기만을 간절히 바라고 있었다.

성도의 입은 굳게 닫혔고 표정은 시무룩해졌고 어깨는 수양버들처럼 축 늘어졌다. 순간 목에 걸려 있던 꽃다발에서 그윽한 꽃향내가 성도의 코 깊숙한 곳까지 자극해 들어왔다. 성도는 상큼한 꽃향기 덕분에 기분이 한결 풀어졌다. 더군다나 어느 누군가가 성도를 무척이나 사랑하고 있다는 감정마저 파도처럼 머릿속까지 밀려들어 왔다. 눈을 지그시 감고 있던 성도가 나지막하게 혼잣말을 했다.

"무얼까! 나의 기분을 좋게 만들어주는 이 감동의 손길은......"

첫 장면에 어둠이 서서히 내려앉았다. 칠흑 같은 완전한 어둠이 유리진열장 안을 가득 매웠다. 잠시 후 서서히 밝아지는 유리진열장 안에서는 어린아이 하나가 저 뒤편쪽에서 진열장 앞으로 곧장 뛰어 나왔다.

"제가 어릴 적이네요. 하영님."

"그렇습니다. 성도님 초등학교 4학년 모습입니다."

유리진열장을 사이에 두고 성인 성도와 앳된 모습 성도가 마주하고 있었다. 그때 유리진열장 안 오른편에서 또 다른 어린아이 하나가 앳된 성도가 있는 곳으로 달려왔다. 성도 초등학교 친구 준석이었다. 준석이가 성도에게 말했다.

"성도야 이번 여름성경학교 같이 가자."

"성경학교! 난 별로 생각 없는데."

"왜?"

"그냥. 교회가 맘에 안 들어."

"그래! 맘에 안 드는 무슨 특별한 이유라도 있는 거야?"

"엄마도 맨날 나보고 교회를 가라고 하시는데 교회 다니면 하고 싶은 것을 마음대로 못하잖아."

"하고 싶은 거를 못해? 무엇을?"

준석이가 무척이나 궁금하다는 표정을 지었다. 그렇잖아도 평소에 컸던 눈이 아예 왕방울이 되었다.

"욕도 못해, 맞서 싸우지도 못해, 미워하지도 못해, 그저 못하게 하는 것투성이잖아. 잘못된 것은 맞서 싸울 줄도 알아야 하는데 맨날 용서만 해라잖아. 그리고 기도만 하래. 난 그것들을 도무지 이해하지 못하겠어."

"그래? 누가 그렇게 하래?"

"누구긴 우리 엄......."

성도가 말끝을 흐리며 재빨리 입을 닫았다. 가뜩이나 분위기 좋지 않은 비밀로 간직하고 있는 집안 예기를 굳이 친한 친구에게 말해주고 싶지 않아서였다. 눈치 빠르고 평소 궁금한 것은 못 참는 준석이가 치밀하게 밀고 들어온다면 집안 모든 예기를 숨김없이 말해줄 것은 뻔했다. 성도는 그쯤에서 대충 얼버무렸다.

"글쎄, 그런 게 있어."

"그래. 네 말이 틀리진 않아. 나도 교회에서 그렇게 배웠어. 그렇다고 선물을 포기할거야? 이번엔 미제 샤프도 준다더라."

준석이가 초롱초롱한 눈빛으로 말끝을 살짝 들어 올리며 말했다.

"미제 샤프?"

이때 성도와 준석이 머리 위로 까마귀 너 댓 마리가 주둥이에 빵 부스러기를 문채 어디론가 날아갔다.

"하영님. 웬 까마귀죠? 준석이하고 만날 때도 저게 있었나?"

"저 까마귀들은 상징입니다. 성경에서 까마귀들은 지쳐있던 엘리야에게 먹을 것을 물어다주었던 동물로 등장을 했었죠. 그래서 상징이라고 말씀드린 의미가 이것입니다. 멈추어 있던 무언가를 다시 움직이게 하는 원인이라고 말이죠. 바꿔 말한다면 지극히 거룩하신 분께서 넘어진 것을 다시 붙들어 세워 놓는 것을 알려주는 것이랍니다. 마치 오뚝이처럼 말이죠."

성도와 하영이 대화를 나누는 동안 유리진열장 안 움직임은 일시적으로 중단되어 있었다. 그들이 다시 관람을 하는데 움직임과 말소리가 되살아났다. 준석이가 성도를 향해 말했다.

"그래. 내가 다니는 교회는 미국 사람들이 세워서인지 선물을 주면 다 미제만 주더라. 근데 샤프펜슬은 이번이 처음이야."

"흠. 그럼 일단 생각할 시간을 줘."

진열장 안 어둠이 이전과는 다르게 재빠르게 채워졌다. 곧바로 새로운 장면이 등장하며 밝아졌다.

성도가 방바닥에 깔린 이불 속에 머리만 배꼼 내민 채로 이리저리 돌아눕고 있었다. 한편 방 위쪽에서는 누군가 서성이고 있는 모습도 보였다. 성도부모님들이 다툴 때 목격되었던 불확실한 모습을 한 검은 물체였다. 그것이 성도를 내려다보고 있었다. 얼마 후 팔을 성도 쪽으로 뻗고 손바닥을 펴더니 주둥이 부근이 달싹거렸다. 이어 성도 말소리가 들려왔다. 하지만 성도 입은 움직이지 않고 있었다. 들려오는 말소리는 성도의 머릿속 생각들이었다.

'남자가 쪼잔 하게 선물 따위에 신념이 흔들려서야 되겠어! 그건 아니지. 그깟 선물이 뭐라고. 교회는 담 싸기로 했으니까 착하게 살 생각일랑 말자고. 빨리 커서 엄마에 대한 복수를 해야지. 강하게 커서 아버지를 골탕 먹이는 거야.'

성도 말소리가 끝나자 검은 물체보다 더 높은 곳에서 화려한 빛줄기가 방안에 누워 있는 성도를 향해 비추었다. 하지만 성도는 비쳐오는 빛을 전혀 알아채지 못했다. 빛줄기가 내려앉은 후 성도 말소리가 또 들려왔다.

"아니야. 그렇다고 샤프를 포기할 수 있겠어! 그것도 미제샤프를 말이야. 얼마나 가지고 싶었는데...... 돈이 있다는 애들마저도 구입하지 못하는데 말이지. 그래. 어차피 아버지에 대한 복수는 지금 이 나이에 할 수 있는 것도 아니잖아. 더군다나 여름성경학교 그 짧은 기간을 다닌다고 해서 뭐가 달라지기나 하겠어!"

성도 말소리가 끝나자 방 위쪽에서 성도를 향해 손을 뻗치고 있던 검은 물체가 연기처럼 사라졌다.

"혹시 저 장면을 기억하고 있는지요. 성도님?"

"가물가물 합니다. 그러나 만약 교회에 관한 문제였다면 이럴까 저럴까 망설였을 것은 분명합니다. 사실 저는 어릴 적에 교회를 환영하지 않았어요. 음, 저 장면을 보고 있자니 뭔가 떠오르긴 하는데 저때였는지는 잘 모르겠지만 교회를 가기로 결정했을 때 속이 시원하다는 경험이 있었던 것 같아요."

"그렇습니다. 그것은 틀림없는 사실입니다. 저때에 하늘의 천사들은 지극히 높으신 분의 지시를 받았습니다. 지극히 높으신 분과 성도님이 연결될 길을 만드는 것이었지요. 길이 만들어 진 후에는 지극히 높으신 분께서 직접 손을 뻗으셔서 성도님의 혼잡한 마음을 정리해 주셨답니다. 성도님은 잘 모르겠지만 저 당시 성도님의 마음 깊은 곳에는 썩은 물이 잔뜩 고여 있었죠. 그 썩은 물을 지극히 높으신 분께서 친히 빼내 주셨답니다."

"저는 전혀 느끼지 못했는데요?"

"그럼요. 당연합니다. 성도님뿐 아니라 모든 신자들은 그것을 전혀 알아채지 못합니다. 다만 옳은 길을 선택한 순간, 무척이나 시원하다는 느낌만큼은 느끼게 된답니다."

"그런데 참 이상하군요."

"뭐가요? 성도님."

"나는 저때 하나님을 반기지 않았고 더군다나 아버지에 대한 미움만 가득했는데 그런 나에게 하나님께서 왜 도움의 손길을 뻗으신 거죠? 사실이지 뭐 하나 반듯한 구석을 찾아 볼 수 없었는데 말이죠."

"아, 잠시 잊으셨나 봅니다."

"무엇을요?"

"지극히 거룩하신 분은 이미 태초에 구원할 자녀들을 확정하셨죠. 그리곤 그들을 향해 변함없이 사랑하신답니다."

"태초에요? 태어나기도 전인데요? 그럼 혹시 앞으로 잘 할 수 있을 것 같아서 선택하셨던 것은 아닌가요?"

"음, 약간의 설명이 필요할 듯싶군요. 신자나 불신자나 태어날 때는 모두 죄인의 신분입니다. 즉 본질상 진노의 자녀인 셈이죠. 그러나 십자가에서 죽으신 어린 양께서 흘리신 보혈이 택함 받은 모든 자녀들을 의롭다 인정을 받게 되는 신분으로 바꾸어주셨답니다. 즉 죄에 대하여 더 이상 심판을 받지 않게 되었다는 것입니다. 성도님께서 이미 잘 알고 계신 성경구절인 에베소서 2장8절이 이것을 잘 나타내 보이고 있죠. 물론 여기에서 신자들의 믿음고백은 필수적입니다. 다만 의롭다고 여김을 받게 되는 모든 신자들은 세상에 나오기 전부터도 천사들을 통해 보호를 받는 답니다. 물론 지극히 거룩한 영께서도 그들과 함께 하시죠."

"그럼 하영님. 혹시나 해서 또 여쭙고 싶은데요. 한 번 택함을 받은 신자는 어찌어찌해도 결국 구원을 받게 된다는 말씀인 것 같

은데 죄를 무턱대고 지어대도 결코 구원에 문제가 발생하지 않는
다는 말씀인가요?"

"일단 답부터 말씀드리자면 예입니다. 그러나 부수적으로 말씀드
리자면 죄인은 천국에 들어 갈 수 없습니다. 즉 택함을 받은 신자
가 거듭나져서 자신이 흉악한 죄인이라는 사실을 알게 되면 불의
를 참지 못한답니다. 거룩하신 어린 양처럼 죄를 멀리하고자 하는
본성으로 바뀌었기 때문에 무턱대고 죄를 범하거나 하지 않게 되
죠. 단 연약한 신앙과 인격적 결함 등이 원인이 되어 죄를 극복하
는데 시간이 많이 필요할 수는 있답니다."

"그렇군요. 무슨 말씀인지 이해합니다."

"그러나 참으로 안타까운 것은 이처럼 구원의 좋은 소식들을 지
극히 거룩하신 분의 자녀로 택함을 받은 분들이 전혀 모르고 있다
는 것입니다."

"……"

"앞서 말씀드린 것처럼 모든 사람은 태어날 때 모두 죄인의 신
분입니다. 죄는 지극히 거룩하신 분을 믿지 않는 것이죠. 결국 죄
인인 까닭에 사람은 지극히 거룩하신 분을 믿지 않으려 한답니다.
그래서 지극히 거룩하신 분께서 먼저 손을 내밀어 호의를 베푸시
지 않는다면 어느 누구라도 믿음을 소유하지 못하게 됩니다. 구원
은 사람 편에서 만들어 낼 수 있는 성격이 아니라는 말씀입니다.

그러므로 무엇을 잘하거나 해서 구원을 받을 수 있게 된다면 어
린 양의 희생은 전혀 필요 없는 것이 되어버리는 것이죠. 허나 그
이전에 사람은 완전한 선을 행할 준비가 전혀 되어 있지 못하답니

다. 어떤 분들은 교회 다니지 않아도 착한 일을 할 수 있다고 큰 소리칩니다. 하지만 그것은 겉으로 드러난 사랑의 포장일 뿐 진정한 의미를 가진 사랑은 아니랍니다. 오직 어린 양의 피로 거듭난 사람만이 사랑의 의미를 바로 알고 원수까지라도 사랑할 수 있지요. 온전하신 어린 양처럼 자기가 소유한 가장 귀한 것까지라도 대가를 바라지 않고 내줄 수 있는 진실한 사랑을 하게 된답니다. 이것에 대한 가장 좋은 예가 손양원 목사님일 것입니다. 자기 아들을 죽인 원수 같은 사람을 진심으로 용서하고 양자로 받아들이기까지 하셨죠.”

“예, 알고 있습니다. 대단하신 분이죠. 그렇군요! 예수님에 의해 거듭나야만 참사랑을 할 수 있는 것이군요.”

하영은 성도에게 그의 미소로 대답을 대신했다. 성도도 따라서 웃음 띤 얼굴로 하영을 바라보았다. 잠시 후 하영이 진열장 안을 손가락으로 가리키며 성도에게 말을 했다.

“여름성경학교의 경험은 시작부터 마지막까지 성도님이 교회와 친숙해질 수 있도록 지극히 거룩하신 분께서 행하신 성도님을 향한 계획이었습니다. 그러나 성도님이 칭찬받을만한 부분도 있지요. 성도님은 여름성경학교를 매우 적극적으로 참여하셨어요.”

하영이 성도를 향해 엄지를 세우며 칭찬을 했다.

“어휴 칭찬까지 받을만한 꺼리는 아닌 것 같은데요! 모든 시간을 출석해야 미제샤프를 받을 수 있다고 해서 첫 시간인 새벽시간부터 하루 네 번의 출석을 모두 참석했을 뿐이랍니다. 그리고 매시간 암송해야 하는 성경구절을 다 외운 이유는 상품으로 내걸은 공책이랑 학용품을 받기 위함 이었을 뿐이고요......"

성도가 뒤통수를 긁적이며 멋쩍은 시늉을 해보였다.

"성도님. 혹시 그때 외운 성경구절들 중에 지금껏 기억하고 있는 구절이 있나요?"

"그럼요. 다른 건 몰라도 이것 하나만은 생생히 기억합니다. 찬양으로도 불렀잖아요. 하나님이 세상을 이처럼 사랑하사 독생자를 주셨으니 누구든지 예수 믿으면 멸망하지 않고 영생을 얻으리로다. 요한복음 삼장 십육 절."

그때였다. 박람회장 복도에 성도가 방금 불렀던 찬양이 어린이 합창단 목소리로 크게 들려왔다. 합창단 찬양이 곁에서 관람하고 있던 다른 관람객들에게도 들렸던지 그들 모두 따라 부르며 박자에 맞춰 박수까지 쳐댔다.

"자, 그럼 다음 장면입니다."

합창단 소리가 멈춤과 동시에 하영이 손바닥을 펴서 유리진열장 안을 가리키며 그곳을 주시하라는 동작을 했다.

어둠 속에서 누군가가 천천히 걸어 나왔다. 경비 모자를 쓰고 있는 성도아버지였다. 손에는 손전등이 들려있었다. 성도아버지가 성도 앞 가까이 다가와서는 발길을 멈추었다. 성도아버지 머리 위쪽에는 둥그런 달이 훤하게 떠 있었다. 달에서 비추는 흐릿한 달빛이 집중적으로 성도아버지를 향해 비추었다. 성도아버지는 달을 보는 듯 눈을 높이 치켜떴다. 이어 희미한 말소리가 들려왔다. 그 소리는 성도아버지 마음에서 울부짖는 외침의 소리였다.

'주님, 난 참 나쁜 사람입니다. 마누라 고생시키는 것도 모자라서 주먹질까지 해댑니다. 먹고 살려고 고생하는 것을 누가 모르겠습니까. 그런데 화가 치밀어 오르는 것을 도저히 참아내질 못하겠습니다. 빚쟁이들이 소리쳐 대면 눈이 뒤집어져 버립니다. 나는 좋은 일 한다고 형에게 많은 것을 양보했습니다. 잘 한 것 아닌가요? 그런데 나는 왜 빈곤에 허덕여야 합니까? 왜 형이 짊어져야 할 고통을 고스란히 내가 당해야 한단 말입니까? 착한 일 했던 나를 돌아보시지 않으십니까?'

성도아버지 눈가에 눈물이 고인 것을 성도가 보았다. 성도아버지는 몇 달 동안 신학교건물 야간경비로 일을 했었다. 그래서 매 주일마다 예배를 의무적으로 참석해야 했다. 밤에 일을 하다 보니 아름다운 별로 가득한 하늘을 볼 기회가 많았다. 새벽에 유별나게 반짝이는 별들과 허연 달을 보면서 성도아버지는 신앙과 인생의 의미를 가끔 정리해 보곤 했었다.

그런데 그것을 바라보는 성도 모습이 뭔가 못마땅했던지 팔짱을 낀 채로 입은 쭉 내밀어져 있었고 고개는 약간 삐딱하게 하여 진열장 안을 마치 노려보는 듯 하고 있었다. 눈치 빠른 하영이 이것을 놓칠 리 없었다.

"성도님, 거룩하신 어린 양께서 희생하신 값을 통해 지극히 거룩하시고 높으신 분께서는 성도님의 아버님까지라도 자녀를 삼아주셨답니다."

하영 말이 끝나자마자 성도가 앞전에는 일절 없던 태도를 드러냈다. 눈을 부라리며 하 영을 싸늘한 냉소로 바라보았고 약간 언성까지 높여 대꾸를 했다.

"에이 설마요! 그런 분이 연약한 사람을 그토록 무지막지하게 패댈 수 있나요? 믿고 싶지 않아요. 아니 못 들은 걸로 하고 싶어요. 내 마음에 미움만 가득 차게 만든 장본인인데 그런 분이 하나님의 자녀라고요?"

"성도님. 좀 전에도 말씀드린 것처럼 사람들은 자신의 선한 행실이나 앞으로 선한 행실을 할 수 있을 것 같아서 지극히 높으신 분의 사랑을 받게 되는 것은 아니랍니다. 제 말을 오해마시고 잘 들어 보세요. 이 세상을 살아가는 택함을 입은 자녀들은 마치 미운오리새끼 같은 존재와도 같답니다. 이 이야기를 잘 알고 계시죠?"

"예, 알고 있어요. 이솝, 동화, 미운, 오리, 새끼."

분이 가시지 않았는지 성도 대답 하나하나에 힘이 들어가 있었다.

"미운오리새끼는 본래 아름다운 백조였죠. 그런데 알이 잘못 새어 들어가 오리 알들 틈에 끼게 됩니다. 알에서 깨어난 뒤에는 오리와 다른 모습으로 인해 오리들 틈바구니에서 온갖 설움과 구박을 받습니다. 그러다 백조들을 우연히 보게라도 되는 날에는 그것들을 우러러보면서 자신의 신세를 한탄하곤 했죠. 훗날 자신이 그런 멋진 모습으로 바뀌는 것도 모른 채 말입니다.

지극히 거룩하신 분의 자녀들도 세상에서 그렇답니다. 천국이 원래의 본향임에도 불구하고 세상에서 살아가다보니 천국을 동경하면서도 정작 자신이 그곳 시민이라는 사실을 알지 못합니다. 더구나 그곳 시민이라는 소식까지 전해 들어도 통 믿지를 못하죠. 태생이 세상이라 여기고 있기 때문입니다.

미운오리새끼는 시간이 흐른 뒤 본래의 모습을 가지게 되죠. 신자는 어떨까요? 시간이 흐른다 해도 변하지 않습니다. 시간으로 해결될 수 있는 성격이 아니기 때문이죠.

오직 지극히 거룩하시고 높으신 분의 은혜가 덮이고 그것을 깨달을 때에라야 자신들의 본래 모습으로 돌아올 수 있답니다. 그런데 은혜를 수납하는 시기가 신자마다 일정하지 않죠. 어떤 경우는 십자가의 강도처럼 인생 끝에 이르러서야 가능한 경우도 있답니다."

"하영님의 말씀을 듣고 보니 제가 너무 경솔했다는 생각이 듭니다. 저 역시 하나님의 자녀라는 사실을 알지 못한 채 다른 사람들을 아프게 했는데도 말이죠."

성도의 고개가 서서히 떨구어졌다.

"이 세상을 살아가는 천국 시민권을 지닌 모든 사람이 여기서 예외가 있을 수 없습니다. 십자가에 달리셨던 은혜로우신 어린 양께서 손을 먼저 내밀어 신앙 안으로 들어오게끔 하시죠. 그뿐만 아니라 예쁘게 다듬어주기까지도 해주신답니다. 이 과정에서 신자는 드디어 인격적으로 반응을 하게 되는데 그때라야 비로소 자신들의 본래 신분을 미약하나마 깨닫게 된답니다."

"알겠습니다. 아버지도 원래는 하나님의 자녀였는데 그것을 전혀 모르고 계셨던 것이니 그분을 미워하지 말고 오히려 불쌍하게 보고 잘못된 행동을 용서해드려야 하겠어요."

"좋은 생각입니다. 성도님의 아버님은 하늘을 향해 신세한탄을 하고 있는 것처럼 보이지만 지극히 거룩하신 분께 기대고 싶은 충동에서 비롯된 행동이었습니다. 다만 아직까지는 믿음보다 불 확신이 더 강하게 작용하여 지극히 거룩하신 분께 나가는 길을 스스로 차단하고 있는 것이죠. 다시 진열장을 집중해 보세요."

성도아버지가 하늘을 바라보며 눈물을 흘리고 있는데 유리진열장 천장에서 핏방울들이 소나기처럼 쏟아졌다. 그러나 성도아버지는 피소나기가 옷에 스며들거나 하지는 않았다.

흐릿하고 희미한 모습으로 누군가 성도아버지 뒤편에 서 있었다. 그는 통으로 된 흰 두루마기 옷을 걸치고 있었다.

"누군가요, 저 흰 옷을 입으신 분은요?"

"지극히 거룩하신 분의 영이십니다."

"성령님이요? 그런데 왜 확실하게 안 보이시고 희미한 거죠? 제 눈이 문제인가요?"

성도가 자신의 두 눈을 문지르며 물었다.

"아닙니다. 성도님 아버지 신앙자세가 흐릿하기 때문입니다. 지극히 거룩하신 분의 영은 택함을 입은 모든 사람들과 함께 계십니다. 원래는 분명한 모습을 가지고 계시죠. 그런데 택함을 입은 자녀들이 지극히 거룩하신 분과의 관계를 소홀히 하게 된다면 그분은 탄식을 하시며 희미한 모습으로 등장하시게 된답니다.

그러나 그것이 그분께서 지니고 계신 힘 자체가 약화된다는 것을 의미하진 않습니다. 지극히 거룩하신 분께서 그 자녀들에게 선물로 나누어 주신 믿음이 그들 안에서 더욱 강화된다면 지극히 거룩한 영도 점점 뚜렷한 모습으로 자녀들 앞에 나타나 보이시게 될 것입니다."

"하영님 말씀에 전적으로 동감합니다. 제게도 비슷한 경험이 있었어요. 믿음이 한때 충만할 때였죠. 기도를 하게 된다면 거의 즉각적인 응답이 있었어요. 반대로 그렇지 않을 지라도 소망과 기쁨은 가득했어요. 그래서 어떤 문제든 기도로 해결하려는 의지가 강했죠. 물론 하나님의 임재 또한 강하게 느꼈습니다.

그러나 믿음에 균열이 생기기라도 하는 날에는 평안도 미래의 소망도 흐릿해졌어요. 심한 경우는 두려움까지 엄습해 왔죠. 죽음과 그 이후에 펼쳐질 아주 끔찍한 상황들이 자꾸 떠 올라오는데 몸서리를 치기까지 했었죠. 기도를 해보았지만 확신은 전혀 없었어요. 하나님의 임재도 통 느낄 수......"

성도는 지난 날 자신의 다소 부끄러운 신앙생활을 떠올릴 때 마음에 걸리는 부분이 있었던 것인지 말이 갑자기 끊어졌다.

"성도님 우리 카페로 다시 가요. 이번엔 맛난 식사를 합시다."

하영이 성도의 팔꿈치를 살포시 잡아끌었다.

1-7. 이도마

　하영은 2층 카페로 성도보다 한 걸음 정도 앞서 걸었다. 넓은 2층 카페에는 얼마 전과 달리 관람객들이 제법 모여 있었다. 점심시간 즈음이라 식사를 해결하기 위해 와 있었던 것인지 여기저기서 맛난 음식냄새와 여러 국적의 다채로운 요리들이 테이블 위에 올려져있었다.

　성도하고 하영도 적당한 곳에 자리를 잡고 앉았다. 옆 테이블에는 성도 또래로 보이는 말쑥한 정장차림의 사내가 그의 안내자와 함께 자리하고 있었다. 그가 성도를 바라보더니 입가에 실미소를 만들어 보이며 눈인사를 했다. 성도도 고개를 반쯤 숙여 답례를 표시한 뒤 인사말을 꺼냈다.

　"안녕하세요. 반갑습니다. 좋은 시간 보내고 계시죠."

　"물론입니다. 저의 짧은 인생에서 가장 행복한 시간이 지금이라고 해도 과언이 아닐 정도입니다."

　성도와 인사를 나누고 있던 옆 테이블 사람이 다소 흥분된 어조로 대답해 왔다.

　"와! 그 정도로 맘에 드시는가요?"

　"예, 그렇습니다. 날아갈 것 같은 기분이랍니다. 제가 지금까지 실망과 원망과 비난 속에서 살아왔던 것들을 속 시원하게 해결을 받았거든요. 여기서 알고 보니 글쎄 저만의 오해에서 불거진 것이더군요. 그리고 그렇게도 알고 싶었던 소식을 오늘에서야 발견하기도 했어요."

"어떤 내용인지 너무나 궁금합니다."

성도는 대화를 나누고 있는 옆 테이블의 사람을 향해 자신의 의자 방향까지 고쳐 잡고는 상체를 앞으로 내밀었다. 자신의 귀를 최대한 그에게 가까이 가져갔다.

"그럼 실례가 안 된다면 살짝 알려드려도 괜찮을까요?"

"그럼요. 지금은 점심시간이라 여유가 있습니다."

성도가 흔쾌히 답변을 하는데 하영도 괜찮다는 표시로 고개를 끄덕여보였다.

그는 자신의 이름이 도마라고 했다. 이도마. 그는 대대로 이어지는 기독교 집안 자녀였다. 가문 어른들 중에서는 목사님이 두 분씩이나 계셨다고 말했다. 실로 도마는 신앙내력이 각별한 문중이었고 모태신자인 셈이었다. 도마는 현재 분식집을 운영 중이라고 했다.

아주 어렸을 때부터 찬양을 듣고 불렀던 터라 국내 거의 모든 찬양을 초등학교 시절에는 자유자재로 부를 정도였다고 했다. 청소년기에는 특출한 찬양 선생님으로부터 일대일 과외로 발성까지 배워 현재 찬양 가수로 활동한다고 하였다. 성도는 직접 확인해 보고 싶었는지 그에게 찬양을 한 곡 부탁했다. 도마는 흔쾌히 응했고 하나님의 은혜를 내용으로 하는 찬양을 간드러지게 불러댔다.

카페에 있던 모든 사람들이 식사와 대화를 중단하고 도마의 찬양 소리에 일제히 귀를 쫑긋이 세웠다. 어느덧 찬양의 감정이 최고조에 이르는 부분을 지나고 있는데 카페에서 그의 찬양을 듣던 대부분의 관람객들은 눈물을 훔쳐냈다. 물론 성도도 눈물을 이기지 못했다. 찬양의 감동은 노래 가사 때문이나 그의 노래 실력에 있는 것 같지 않았다. 그의 진심이 목청을 통해 듣는 모든 사람들의 심금으로 전해져 자극을 주고 있었다.

"도마 씨의 찬양은 일반적이지 않고 다른 점이 많은 것 같습니다. 한편의 감동적인 뮤지컬을 보는 것과 같고 깊은 여운까지도 남겨줍니다."

"감사합니다. 그렇게 까지 호평해주셔서."

"매우 실례될 줄은 알지만 궁금해서 그럽니다. CCM 찬양을 전문적으로 하시지 왜 분식집을 운영하시는 것인가요?"

"아, 그게 찬양을 부르는 것만으로는 가족들의 생계를 책임지기 어렵답니다. 그래서 이중 직업이랄까. 뭐 그런 셈인 거죠."

"그렇군요. 고달프지만 은혜 가운데서 살고 계시는군요!"

"그런데 사실 그렇지 못했답니다."

"……"

성도는 순간 놀란 듯 그의 작은 실눈에 힘이 들어가더니 동그란 눈처럼 되었다. 그것을 껌뻑껌뻑해 보였는데 아주 어색한 모습이었다. 도마는 조금 전과는 사뭇 다른 굳은 표정으로 말을 이어갔다.

"청소년기를 지나 성년으로 나이를 점점 먹어가면서 저는 하나님을 향한 믿음의 성장보다는 신앙의 회의가 마음 한편에 쌓여갔어요. 지금이니까 솔직히 모든 것을 과감하게 털어 놓을 수 있겠지만 여기 박람회장에 오기 바로 전까지도 저는 아주 무서운 결심을 하고 있었는데 극단적인 선택을 마음먹고 있었답니다."

성도는 자신의 귀를 의심하는 눈치였다.

"제가 방금 들은 말씀이 맞는지요. 극단적인 선택이요?"

"예, 맞습니다. 저는 모태신자라서 교회와 신앙을 전혀 거리두지 않고 지내 왔습니다. 예수님이 살아 계시다는 사실도 분명하게 믿고 있었습니다. 그런데 주위 사람들의 놀라운 신앙체험 이야기나 간증들을 듣는 가운데서 저에게 전에 없던 작은 변화가 생겨나기 시작했습니다.

제 속에서 그동안 눌려있던 무언가가 꿈틀거리며 기지개를 켜고 일어나는 것만 같았죠. 어떤 이들은 환상이나 꿈으로, 어떤 이들은 죽다 살거나 병 고침 가운데서, 또 다른 이들은 기도의 놀라운 응답으로 온갖 기적과 경험을 체험했다고 말했습니다. 그런데 대대로 믿음의 가문 속에서 신앙을 마치 삶으로 여기고 살아온 저에게는 정작 아무런 신앙적 체험이 없다는 점이 저를 혼돈 속에 빠뜨린 것입니다.

저는 신앙이 삶이었고 삶이 신앙이었죠. 그런데 왜 하나님은 나 같은 사람에게는 그토록 놀랍고 경이로운 기적을 단 한 번도 나타내 보여주지 않았는가를 고민하게 되었죠. 이런 생각에 압도되면서 저는 제 지난날 신앙적인 모든 삶을 부정적인 시각으로 보게 되었답니다. 결과적으로 신앙을 무의미하다고 여기는 지경까지 이르게 되었던 것이죠."

도마가 숨을 고르기 위해 잠시 말을 멈춤과 동시에 카페매니저가 성도와 하영 점심식사로 토마토파스타를 가져왔다. 성도는 주문하지도 않았는데 자신이 평소에 즐겨 먹었던 음식을 가져와 적잖이 놀랐지만 카페매니저에게는 단순히 감사의 인사만 했다.

그리고 순간 성도는 궁금했다. 하영은 자신이 먹고 싶은 것을 왜 주문하지 않았는지를...... 그렇지만 도마의 말을 중단시키는 실례를 범하는 것 같아서 나중에 묻기로 마음먹고 도마의 말에 응수했다.

"참으로 안타까운 사연이군요. 제가 도마님이었더라도 그럴 것 같습니다."

"제 입장을 이해해 주셔서 감사해요. 아, 식사하시면서 제 얘기를 들어주셔도 됩니다. 최근 들어 저의 이런 부정적인 생각은 실로 나의 삶 전체를 무너지게 했답니다. 내가 사람들 앞에서 찬양을 하는 나의 모습이 너무나 싫었어요. 스스로 이중인격자라 여길 정도였죠. 지금까지 내가 경험한 찬양의 시간을 되짚어보니 그것들은 나의 목소리 자랑 외에 아무 의미가 없었던 것이라고 생각됐어요.

가족들에게도 매우 미안한 감정이 우우죽순 올라왔죠. 가족들과 함께 마음껏 누려보지 못했던 지난날에 대한 미안함이 밀물처럼 밀려들어왔어요. 그동안 저와 가족은 신앙을 위해서라면 포기했던 것들이 참 많았거든요.

한 번은 제주도로 가족여행을 난생 처음으로 계획하고 있었죠. 그런데 난데없이 교회에서 해외선교사로 파송 받으신 분께서 선교자금이 필요하다는 소식을 갑자기 교회로 전해온 거예요. 그것이 있어야 그곳 사람들이 굶지 않을 수 있다는 것이었죠. 이 소식을 들은 우리 가족은 곧바로 가족회의를 했답니다. 결론은 다음기회로 여행을 미루는 것이었지요. 우리 가족은 여행자금 모두를 헌금했답니다.

그런데 그것을 곱씹어보니 굳이 그렇게까지 할 필요가 있었는가를 내심 후회했죠. 왜냐면 하나님은 나를 그다지 사랑하지 않고 있다는 강박관념이 그런 마음을 먹도록 만들었어요. 나를 사랑하지 않으시기 때문에 나에겐 기적과 같은 사랑의 표현을 전혀 나타내 보이지 않는 것이라 여겼답니다."

도마의 두 눈에는 어느새 눈물이 가득 고여 있었다. 그러나 그 눈물은 억울함의 눈물이라기보다는 감격의 눈물로 보였다. 왜냐면 도마의 표정이 그것을 말해주었는데 성도가 바라보는 도마는 마치 천사의 얼굴처럼 평온했고 더군다나 엷은 빛까지 발산되고 있는 것처럼 보였다. 도마가 살짝 지어낸 미소는 성도의 마음까지도 평화를 주는 특별한 힘을 전해주고 있었다.

"참으로 마음고생을 많이 하셨네요. 그래서 이곳에 와서 해결을 보신 것인가요?"

"그렇습니다. 나를 향하신 하나님의 음성을 확실히 들었답니다. 하나님은 저를 당신의 독생자처럼 아끼고 사랑하고 계셨어요."

"그렇군요. 혹시 어떤 부분을 확인하시고 그렇게 된 것인지 말씀해 주실 수 있나요?"

"당연하죠. 말씀드리겠습니다. 저는 이곳에 와서 태아 훨씬 이전부터 지금까지의 과정을 관람했어요. 그 과정에서 정말 놀라운 것은 단 한순간도 하나님의 시선이 저에게서 떠나지 않고 있었다는 것입니다. 그 결과는 정말 예상 밖이었어요. 저와 저의 가족이 아무런 변고를 당하지 않고 무난하게 살아오게 되었던 확실하고 분명한 이유였죠. 더구나 여유롭지는 못해도 우리 가족은 누군가를 도울 수 있었고 부족함도 전혀 느끼지도 못하고 살아왔던 것입니다. 장사가 잘 되었던 이유를 알게 되었어요. 자녀들이 원하는 것들을 모두 이루게 되었던 것도 이유가 있었죠. 평생 경험하고 싶지 않을 만큼 좋지 않은 사건들이 저와 저의 가족에게는 사소한 것까지라도 발생하지 않았죠.

하나님께서 언제나 바라보고 계시는 것 말고도 우리 가족에게 평안이 있을 수밖에 없었던 것에는 다른 원인도 있었어요. 사고가 발생하기 이미 이전에 하나님께서 앞서 해결하셨던 것이었죠. 그런데 여기에는 우리 가문의 독특한 이력도 한 몫을 단단히 했죠. 대대로 기도하는 가문이어서 후손을 위한 기도가 차고 넘치도록 쌓여 있었던 것입니다.

언제인가는 제가 아무런 생각 없이 무심코 기도했던 것들도 있었죠. 그런데 하나님은 그것까지라도 결코 빠뜨리지 않으셨어요. 그분은 듣는 것으로 그친 것이 아니라 그분 수첩에 빼곡하게 적어 놓으셨더라고요. 완전한 지혜이신 하나님이 그럴 필요가 없으셨음에도 불구하고요."

"아마도 이도마님을 이해시키시고자 보여주신 것이겠죠."

"맞아요. 전 이제야 명백하게 알게 되었어요. 평범함이 비범함이라는 것을요. 제게는 놀랍도록 평범한 것 자체가 하나님의 기적 은혜였던 것이죠. 그리고 여기 와서 알게 된 또 다른 사항이 있는데 다른 사람들의 놀라운 기적들에 관한 것입니다."

도마는 목이 탓 던지 물을 한 잔 들이마셨다. 이 기회를 틈타 성도가 그의 말을 가로챘다.

"그것들은 혹시 하나님께서 사랑하는 이들을 위해 나타내시는 또 다른 사랑의 표현 아닐까요?"

"그럴 수도 있겠는데 부족한 정답이라고 먼저 말씀드리고 싶습니다. 기적은 하나님께서 그들을 부르시고자 하시는 하나님의 손짓이라고 봄이 더 타당합니다. 기적이 신자를 신자답게 만드는 것이 아니라 성령으로 거듭나야 가능한 것처럼 기적은 하나님의 살아계신 능력을 나타냄이라고 보아야 합니다. 그런데 저는 이미 하나님의 자녀로서 하나님의 사랑을 한 몸에 받고 있었고 또 저는 하나님을 사랑하며 살아가는 중이었기 때문에 저에겐 기적과 같은 것이 도통 소용없었던 것이었어요.

그렇지만 제게서 기적이 아주 없었던 것도 아니었어요. 다만 저는 그것을 기적으로 여기지 않았고 오히려 일상적인 것으로 여겼던 것이었어요. 알고 보니 저는 하나님의 기적과 같은 돌보심이 저의 모든 삶의 현장에서 제가 전혀 의식하지 못한 채 적용되고 있었죠. 그러니 제게는 무탈한 일상들이 사실상 기적이었던 셈인 거죠. 그래서였을 것입니다. 제 찬양을 듣는 거의 모든 이들이 언제나 감격과 기쁨을 감추지 못했거든요."

"그러셨군요. 도마님께서 왜 그리 감격하고 계셨는지 이제야 분명하게 알게 됩니다. 그런데 저는 아직 초등학교 시절밖에 관람을 하지 못했는데 벌써 거의 모든 관람을 하고 오신 것인가요?"

"그런 가요! 아마도 저는 이렇다할만한 특별한 경험이 없던 터라 그런 것 같군요. 지금껏 관람한 장면은 가문의 어른들이나 부모님들 그리고 저나 저의 가족이 기도하고 예배하는 장면들로만 수두룩했어요. 그리곤 그 모든 것에서 귀를 기울여 들으시며 즐거워하시고 기뻐하시는 어린 양의 모습을 확인했습니다.

정말 기억에 남을 만한 감동적인 장면을 꼽으라면 저와 가족이 당할 사고를 하나님께서 미연에 막아주신 것이었어요. 하나님의 선행역사가 아니었다면 우리 가족 모두 병원에서 한동안 자리보존을 하고 있어야 했었죠.

말이 나와서 이지만 대부분의 신자들은 의외로 이것을 깨닫지 못하고 있답니다. 일이 터지고 나서 수습하는 과정에 이르러서야 하나님의 소중함을 알게 되는 경우가 대부분이죠. 만약 사건이 발생하지 않는다면 하나님의 돌보심을 통 알 수가 없는 것이었죠. 우리 미련한 사람들은 소를 잃어 버려야 드디어 외양간을 고치려 드는 격언처럼 발생하지 않은 일에 대해선 알지 못하는 한계를 지니고 있죠.

이런 점을 관람하는 중에서 성경으로 기록된 부분을 실제 장면처럼 보기도 했답니다. 성도님도 이미 알고 계시리라 생각합니다. 아람 군대가 엘리사를 잡으려고 수많은 군사를 보내어 성 주위를 완벽하게 포위했던 장면이죠."

"아아, 열왕기하에 나와 있는 말씀이군요. 엘리사를 보호하기 위해 불 말과 불 병거가 산에 가득 진을 치고 있었어요."

"그렇습니다. 엘리사의 눈에는 그것들이 보였죠. 그런 그에겐 성을 포위하고 있는 군대 따위는 두렵지 않았어요. 제가 목격했던 엘리사의 표정은 너무나 여유만만 했답니다. 다만 엘리사의 사환만큼은 두려움에 사로잡힌 채 벌벌 떨고 있었지요.

그런데 우리가 마치 그런 형국이라는 것입니다. 하나님의 은혜를 사모하며 모든 것에 감사하고 있다면 돌보시는 하나님의 세밀한 손길을 하나도 놓치지 않고 알게 되겠죠. 그뿐만 아니라 감동과 감격까지 차올라 용기와 격려 속에서 세상을 이길 힘을 얻어 살아갈 수 있을 것입니다. 허나 대부분의 신자들이 그것을 머리로만 이해하고 적용하지 못해 안타깝답니다. 이곳에 오기 전의 저를 비롯해서 말입니다."

"저 역시도 그렇습니다. 저도 일이 터진 뒤 수습이 되고 나서야 하나님의 은혜를 되새기곤 합니다. 앞서 행하시는 하나님의 은혜를 전혀 고려해보질 못했어요. 도마님의 말씀을 듣고 있자니 참으로 배울 점이 많습니다. 감사합니다."

"뭘요. 오늘 하나님께서 제게 베푸신 기회를 통해 저도 새롭게 알게 된 것인데요. 아주 먼 옛날 다윗이 고백한 것처럼 저에게 있어서도 하나님은 저의 산성이고 방패이십니다. 이제 저의 남은 시간은 하나님께서 저를 향해 목적하신 비전을 알려 주신다고 저의 안내자께서 말씀해 주셨습니다. 성도님 남은 시간도 유익한 시간되세요. 하나님의 은혜를 받게 된 우리는 이 세상에서 제일 행복한 사람들입니다."

"옳습니다. 도마님, 샬롬."

2. 의롭다 하심

2-1. COMMUNITY THEATRE

성도와 하영이 이도마의 말을 경청하느라 먹는 둥 마는 둥 했던 토마토파스타를 단숨에 먹어 치웠다. 약간의 시간이 흘렀음에도 불구하고 파스타는 전혀 불거나 굳어 있지 않았고 더군다나 식어지지도 않고 보존되어 있어서 처음 가져올 때의 맛을 그대로 유지하고 있었다.

그들이 손에든 포크를 내려놓자마자 카페매니저가 후식을 가지고 왔다. 물고기 모양으로 만들어진 유리컵 안에는 불그스름한 음료가 담겨져 있었다. 성도가 따뜻한 커피 다음으로 애음하던 체리음료였다. 두 손으로 잔을 받쳐 들고 한 모금 들이킨 성도가 하영에게 물었다.

"하영님, 궁금했는데요. 저는 토마토파스타를 좋아하고 체리음료도 좋아하지만 굳이 하영님 까지도 저하고 동일한 것을 먹고 마실 필요까지는 없는데 하영님이 원하는 것을 따로 주문하지 그러셨어요."

"그것까지도 고민하고 있었군요. 배려에 감사드립니다. 하지만 너무 괘념치 마세요. 제가 오늘 성도님과 함께 하는 동안에는 성도님과 동일한 식성을 가진답니다. 만약에 조금 전 말씀을 나누신 도마님을 제가 안내했다면 그분의 식성을 지니게 되었을 것입니다."

"정말요!"

"하하, 너무 놀라진 마세요. 분명하게 말씀드린다면 저는 홀로 지닌 식성은 없답니다. 누가 되었든 제가 안내하는 분의 모든 것을 저는 함께 할 따름입니다."

"에이, 통 재미가 없겠네요. 맛난 것을 먹는 것도 또 다른 즐거움인데 그것을 못 느끼신다니......"

"그렇지 않습니다. 이렇게 안내를 맡아 일하고 있는 것이 저의 행복입니다. 성도님께서 행복하시다면 그것이 저에게도 상당한 희열로 전달된답니다. 더군다나 저는 지극히 거룩하신 분의 손에 붙들려 쓰임 받는 것만으로도 대단한 자부심과 긍지를 가지고 있습니다."

"하영님의 말씀을 듣고 있자니 성경구절이 생각납니다. 예수님께서 사마리아 여인과 대화를 나눌 때였죠. 먹을거리를 가지고 돌아온 제자들에게 이런 말씀을 하셨어요. 내게는 너희가 알지 못하는 양식이 있는데 그 양식은 나를 보내신 이의 뜻을 행하며 그의 일을 온전히 이루는 것이라고요."

하영이 살짝 미소를 지며 체리음료를 들어 보인 후에 그의 입에 가져다 댔다. 후식으로 내온 체리음료까지 다 비운 두 사람이 이런저런 나머지 대화를 나누며 박람회장으로 다시 발걸음을 옮겼다. 카페매니저가 박람회장으로 내려가는 에스컬레이터 앞에서 그들을 향해 정중한 인사를 했다.

"모실 수 있어서 영광이었습니다. 성도님. 남은 시간 내내 유익한 관람 되세요"

"아닙니다. 오히려 제가 너무나 고맙습니다. 기가 막힐 정도로 맛있는 파스타와 체리음료를 또 어디서 다시 맛볼 수 있을지 안타까울 정도입니다. 너무나 아쉽습니다."

카페매니저가 성도의 호응에 살짝 미소만 지어 보였다. 그것을 본 성도가 흠칫 놀라는 눈치였다.

'저런 미소는 어떻게 해야 얼굴에 만들어 낼 수 있는 것이지? 세상 모든 무거운 짐을 벗게 하는 편안함을 주는 미소군!'

그녀의 미소가 선사했던 특별한 힘 때문인지 몰라도 성도는 발걸음이 한결 가벼워졌음을 느낄 수 있었다.

"발걸음이 너무 가벼워요. 하영님. 하영님도 그런가요?"

"예, 저도 기분이 너무 상쾌하고 몸도 무척이나 가볍습니다."

하영이 싱글벙글 표정으로 대답해 왔다.

"아! 하영님. 갑자기 생각이 났어요. 여기서 근무하는 분들은 어떻게 해서 관람 온 모든 분들의 이름을 알고 계시는 것인가요? 조금 전 보니 카페에서 저 뿐만이 아니라 내려오는 모든 사람들을 향해 일일이 그들의 이름을 부르며 인사를 하더군요."

"궁금하신가요?"

"예, 아주 많이요!"

"그것은 성도님이나 관람오신 모든 분들의 이마에 답이 있습니다."

"이마요?"

"그렇습니다. 오늘 이곳으로 초대 받으신 모든 분들은 이마에 본인들의 이름이 적혀 있답니다. 그리고 이름 밑에는 지극히 높으신 분의 표시가 있습니다. 지금 성도님의 이마에도 성도님의 이름과 지극히 높으신 분의 표식이 잔잔한 빛을 발산해 내고 있답니다."

하영이 성도의 이마를 바라보며 말했다.

성도가 이내 자신의 이마를 손바닥으로 문질러 보았다. 하지만 다른 느낌을 발견할 수 없었다. 평소와 다르지 않았다. 성도는 성이 안 찼는지 핸드폰을 꺼내들어 자신의 이마를 향해 사진을 찍고 나서 확인해 보았다. 찍혀진 사진에는 자신의 한 줄 주름 잡힌 이마 모습 외에 아무런 표시가 나타나보이질 않았다.

"하하하, 성도님. 그것은 사람들의 눈에는 보이지 않습니다. 저희 같은 안내자들이나 또는 이미 천상에 계신 분들 그리고 지극히 거룩하신 분의 눈에만 보인답니다. 그리고 처음 뵐 때 말씀드렸던 것처럼 저희들은 이미 모든 사람들의 이름을 알고 있기까지도 하죠."

"……"

성도와 하영이 이마에 적힌 이름과 빛 이야기를 하면서 걷는 동안 성도 유년기 시절을 관람했던 유리진열장 앞을 지나쳤다. 어떤 관람객이 안내자와 함께 그곳에 서서 관람을 하고 있었다. 호기심이 발동한 성도가 관람객 뒤편에서 조금 떨어진 채로 슬그머니 진열장을 바라보았다. 진열장 안은 온통 어두웠고 네온사인도 꺼져 있었다. 이것을 지켜 본 하영이 성도 뒤로 다가가 조용히 속삭였다.

"다른 분의 인생 관람은 이곳에서 절대 허용되지 않는답니다. 오직 당사자들의 인생 이야기만 관람이 가능하답니다."

그곳을 지나 70여 미터를 전진했다. 원목나무로 제작된 두툼한 기둥으로 된 문 하나가 생뚱맞게 세워져 있었다. 마치 집에서 문만 따로 떼어내 전시하고 있는 것처럼도 보였다. 두 기둥 위에는 역시 나무로 제작된 아치가 두 기둥을 약간씩 삐죽하게 지나친 상태로 연결되어 있었다. 아치에는 금박을 입힌 글자가 새겨져 있었다.

"하 영님. 문 위에 올려놓는 아치가 마치 바나나를 올려놓은 것 같아요. 그곳에 영어로 써 있네요. COMMUNITY THEATRE. 이곳은 연극장인가보죠?"

문 앞에 멈춰 아치에 있는 글자를 올려 다 보던 성도가 하 영에게 물었다.

"예, 이곳에서는 연극무대의 공연으로 관람을 하게 됩니다."

"그렇군요. 저는 연극이나 극장 관람을 꽤 좋아해요. 여기서도 그것을 보게 될 줄이야……"

한층 기분이 들뜬 성도가 이번에는 하 영보다 앞서서 문을 통과했다. 그런데 앞서 가던 성도가 화들짝 놀라며 뒷걸음질을 치더니만 결국 바닥에 엉덩방아를 찧었고 아예 바닥에 나뒹굴어 버리기까지 했다.

"아, 아니. 하, 하영님. 저, 저게 뭐에요? 낭, 낭떠러지에요."

성도는 너무나 놀란 탓에 말까지 더듬어댔다. 하영은 아치 문 밑에 그대로 서 있었다. 그리곤 놀라 나자빠져 있는 성도를 향해 오라는 손짓을 하면서 말했다.

"어서 오세요. 성도님. 다음 장소를 향해 가셔야지요. 다음 관람할 곳으로 가려면 오직 이 길로만 가야 합니다."

"앞을 보세요. 길이 없어요. 낭떠러지라고요!"

"그럼 제가 먼저 갈 테니 성도님은 저의 뒤를 따라서 오세요."

대답과 동시에 하영은 낭떠러지를 향해 발걸음을 한 발 내딛었다. 성도는 땅바닥에 주저앉은 상태로 하영의 뒷모습을 멍하니 지켜보고만 있었다. 그를 말리려고 말을 꺼내려는데 그는 그새 낭떠러지로 발걸음을 내딛고 말았다.

하영이 발걸음을 내딛는 것과 동시에 문 뒤쪽 편이 어두워졌다. 하영의 모습은 성도의 시야에서 완전히 사라져버렸다. 성도는 하영이 필시 낭떠러지로 추락했을 것이라 추측했다.

성도는 아주 서서히 움직였는데 거의 기다시피해서 낭떠러지까지 갔다. 성도는 누운 채로 눈만 빼꼼 내밀어 낭떠러지 밑을 바라보았다. 절벽 밑은 너무나 어두워 아무것도 보이질 않았다.

"하영님. 괜찮아요? 어디 계신 거죠? 하영님."

성도가 큰 소리로 그의 이름을 불러댔지만 아무런 대답도 들려오질 않았다. 성도는 다시 뒤로 살금살금 기어 문 앞으로 갔다. 육중한 문기둥을 한 손으로 붙들고 섰다. 성도가 생각에 잠겼다.

'이곳의 안내자라는 사람이 무모하게 행동하지는 않을 거야. 저곳이 위험하다는 사실을 전혀 모를 리가 없었을 거라고. 그는 나에게 자기 뒤를 따라 오라고 했어. 그리고 길은 오직 이 길 밖에 없다고도 했고. 어쩐다. 그렇다고 밑도 끝도 모르는 저 컴컴한 낭떠러지를 눈앞에 보고 발을 내딛을 수가 있겠어? 길이 없는데. 그럼 뭘까? 이것은 무슨 일종의 시험 같은 것일까? 그렇다고 무모한 일에 나의 운명을 맡길 수도 없잖아.'

성도가 곰곰이 생각에 잠겨 있는데 낭떠러지 건너편 쪽에서 밝게 빛나는 무엇이 성도의 눈을 자극했다. 성도가 서 있는 곳에서 밝은 빛을 비추고 있는 곳까지는 대략 50미터 정도 되어 보였다. 성도는 밝게 빛나는 그것을 확인하려고 고개를 앞으로 쭉 내밀고 눈까지 부릅떴다.

처음엔 그것이 밝은 빛을 비추고 있어서 실체가 보이지 않았지만 계속 바라보고 있으려니 차츰 모습이 뚜렷해졌다. 그것의 정체는 월계수 잎을 엮어 만든 면류관이었다. 오래 전 올림픽 경기에서 마라톤 우승자 머리에 씌운 것과 비슷했다.

빛을 내고 있는 면류관을 성도가 바라보는데 성도의 머릿속에 이상한 기운이 감지된 것처럼 보였다. 그것이 성도를 부르고 성도는 그것에 응답하는 것 같았다. 성도가 가냘픈 어조로 중얼거렸다.

"예, 곧 가겠습니다."

말과 동시에 성도가 한 발을 낭떠러지로 내밀었다. 그렇지만 성도가 추락하거나 하지 않았다. 텅 빈 공간을 성도가 걷고 있었다. 성도는 자신이 공중에서 걷고 있다는 사실을 전혀 인식하지 못하고 있었다. 그의 시선은 오직 찬란하게 빛을 내고 있는 면류관에만 고정되어 있었다. 이윽고 성도가 낭떠러지 공간을 무사히 걸어서 통과했고 성도의 발이 낭떠러지 건너편 땅에 닿았다. 영롱한 빛을 발하던 면류관이 성도 눈앞에서 이내 사라져버렸다.

"잘 하셨어요. 성도님."

어느새 하영이 성도 앞에 등장해서 성도에게 말을 걸어왔다. 하영 목소리를 들은 성도가 정신이 되돌아온 듯 하영을 물끄러미 바라보았다. 성도의 표정이 잠시 얼떨떨한 상태로 있었다.

"아, 하영님. 무사하셨군요. 방금 빛나는 면류관 보셨죠? 그것이 여기 있었는데......."

"아아, 그것 요! 그것은 성도님께서 갈 길을 다 마친 후에 거룩하신 어린 양께서 선물로 준비하신 것인데 믿음의 면류관이랍니다. 지금처럼 어떤 위험에서도 오직 믿음으로 순종하고 인내하신 분들을 위해 예비 되어진 진귀한 것이죠."

"그런데 하영님. 저는 사실 믿음으로 이 절벽을 통과한 것은 아니랍니다. 면류관이 제 눈에 보이더니 그것이 날 오라고 부르는 소리에 감동되었어요. 그리고 그것만을 바라보았을 뿐인데 어느 새 여기 와 있는 것이었어요."

"성도님. 그것이 믿음이랍니다. 순종하는 믿음은 사실 제 정신으론 누구라도 감당하기 지극히 어렵답니다. 신자들이 죽음을 목전에 두고 믿음을 지킬 수 있었던 것은 지극히 거룩한 분께서 붙드시기에 가능한 것이죠. 붙드심에 용기를 내어 죽음까지라도 불사하게 되는 것이랍니다.

만약 성도님께서 끝까지 거절하려는 경향이 강했다면 지금도 저 건너편에서 발만 동동 구르고 있었을 것입니다. 성도님. 지금 이 장면을 통해 거룩하신 어린 양은 믿음의 본질을 알려주고 계신 것이랍니다. 성경에 이런 구절이 있죠? 믿음의 주요 또 온전케 하시는 예수를 바라보자."

"예, 그렇습니다."

"믿음은 거룩하신 어린 양께서 당신의 자녀들에게 선물로 주는 것일 뿐만 아니라 자녀들의 믿음이 성장하고 더 나아가 완전에 이르기까지 계속해서 돌보아 주신답니다. 지금처럼 받게 될 상급을 바라보게 하면서 직면한 모든 위험들을 통과하게 한 것처럼 말이죠."

"그렇군요. 아마도 제 이성으로 하라고 했다면 지금까지도 망설이고 있었을 것은 분명합니다. 넘실거리는 파도를 보면서 바다 위를 건너고 계셨던 예수님을 유령으로까지 여기면서 결코 사람은 바다 위를 걸을 수 없다고 생각했던 제자들처럼 말이죠."

"그렇습니다. 믿음과 이성은 이 절벽의 경험같이 큰 차이를 가집니다. 믿음의 일을 이성으로 이해하기란 꽤나 어려운 노릇이죠."

성도와 하영이 절벽을 뒤로하고 백여 미터를 전진해갔다. 순백의 페인트로 칠해진 거대한 연극무대가 등장했다. 나무로 된 무대마당은 바닥에서 1미터 남짓 올라와 세워져있었는데 무대마당은 삼백 명 이상이 올라와도 될 만큼 넓었다.

연극무대에서 정면으로 약간 떨어진 곳에는 관람석이 마련되어 있었다. 연극무대보다는 약간 높았고 네모반듯했는데 큰 나무상자를 가져다 뒤집어 놓은 것 같았다. 그곳에는 푹신한 의자 두 개와 물건을 올려 둘만한 작은 테이블이 의자 양 옆에 놓여 있었다. 하영과 성도가 그곳에 가서 앉았다.

"어떤 연극단원들이 무슨 연극을 하는 것인가요?"

"이제 보시면 아십니다. 곧 시작할 것입니다."

2-2. 청소년기 ZONE

　연극무대마당 조금 뒤에는 보라색 굵은 막이 쳐져 있었다. 이윽고 연극 시작을 알리는 은은한 종소리가 세 번 천천히 울렸다. 종소리가 완전히 사라지자 무대마당 오른쪽 끝 부분에 지름이 2미터 되는 원 모양 바닥이 밑으로 내려가더니만 그곳에 네온사인이 세워져서 다시 올라왔다. 네온사인에는 빨간색으로 '하성도의 청소년기'라고 표기되어 있었다.

　"성도님. 참고로 여기서는 저 보라색 막이 유리진열장 관람 때에 보았던 어둠과 같다고 보시면 됩니다. 즉 무대에 오르는 배우들이나 배경이 숨겨진 장소가 됩니다. 연극은 저 넓은 무대마당에서 펼쳐진답니다."

　"대게는 커튼 뒤에서 공연을 하는데 여기서는 조금 특별하군요."

　연극무대마당 뒤에 있는 보라색 막이 좌우로 갈라졌다. 중학생 성도가 검정색 동복 교복인 가쿠란을 입고 서있었다. 숫자 1이 가쿠란의 둥그린 목 부분 호크 옆에 자리하고 있었다. 교복을 입은 중학생 성도가 천천히 걸어 나왔다.

　"제가 중학교 1학년을 다니고 있을 때인가 보군요."

　"그렇습니다."

　이윽고 멈춰 선 중학교 1학년 성도가 별안간 펑펑 울어댔다. 그는 울면서 쓰고 있던 검정색 학생모의 중학교 표식을 힘주어 뜯어냈다. 그리곤 아주 모자를 갈기갈기 해체해 버렸다. 마치 모자에 분풀이를 하고 있는 것처럼도 보였다. 곧이어 입고 있던 교복 중간

부분을 양 손으로 나눠 잡더니 갑자기 힘을 주어 양쪽으로 벌렸다. 몇 개의 단추가 힘없이 떨어져 나갔고 어떤 고집 센 단추는 교복 일부를 찢어대면서 떨어져 나가기도 했다. 관람석에서 그 광경을 지켜보던 성도의 표정이 급격하게 어두워졌다. 목소리 톤을 낮춘 채 성도가 입을 여는데 거의 혼잣말을 하는 것과도 같았다.

"저 상황 기억납니다. 어머니가 경찰서 유치장에 감금되었기 때문입니다."

"맞습니다."

한편 울고 서있는 성도의 오른쪽 뒤 편 구석에는 큰 철장세트가 등장을 했다. 그 안에는 성도어머니가 모은 다리 사이로 머리를 푹 담구고 두 손은 깍지를 끼운 채로 발목에 걸치고 있는 모습이 보였다.

철장 위로 거대한 흰 구름이 등장했다. 구름 위에는 찬란한 빛을 발산하고 있는 흰 옷을 있은 수많은 사람들이 있었다. 그들은 모두 손에 손을 잡고선 기도를 하고 있었다. 그러나 기도소리가 들리거나 하지는 않았다.

구름 위 사람들 맨 앞에는 손바닥을 편 채 팔을 들어 올려 기도를 하는 이가 있었는데 자세히 보니 양손바닥에 제법 큰 구멍이 뻥 뚫려져 있었다. 조금 있으려니 구름 밑으로 황홀한 외줄기 금빛이 비추었는데 철장 안에 갇혀 있는 성도어머니의 온 몸을 감쌌다.

"저때 저는 정말이지 두 번째로 인생을 포기하고 싶었어요. 도대체 아버지란 분을 이해할 수가 없더군요. 하다하다 이제 어머니를 감옥에 까지 넣었으니 말이에요. 어머니는 평생 가족을 먹여 살리기 위해 고생만 죽도록 하셨는데 아버지는 왜 그걸 몰랐을까요?"

"성도님. 그것을 성도님의 아버지 탓으로만 돌릴 일은 아니랍니다. 괴롭더라도 조금만 더 보셔요."

곧이어 성도아버지가 중학생 성도가 서 있는 왼편에 등장했다. 성도아버지는 온 몸에 검은 옷을 걸치고 있었는데 그것이 못마땅했는지 벗어내려 애를 써보지만 옷이 통 벗겨지질 않았다.

그러는 중에 성도아버지 주위로 몇 사람이 등장했다. 그들은 성도아버지가 검은 옷을 벗으려 하는데 오히려 방해를 해댔다. 성도아버지의 손을 잡아내려 손을 자유롭게 사용하지 못하게 했고 다른 이는 보질 못하도록 눈을 가로막기까지 했으며 어떤 이는 발을 옴짝달싹 못하게 붙들고도 있었다.

"아버지는 왜 저러고 계신 거죠?"

"성도님의 아버님 주위에 있는 사람들이 성도님의 아버지를 옭아매고 있는 것이죠. 성도님 아버지는 어머니께 혹은 가족들에게 무엇인가 잘못 하고 있다는 것을 알고 있었죠. 그래서 태도 바꾸기를 노력해 보려고도 했지만 혼자의 힘으론 그것을 벗겨내기 어려웠답니다. 그런데 설상가상으로 그것뿐만 아니라 성도님의 아버님은 시정잡배와 같은 주위 분들의 그릇된 영향까지 받아 마음먹은 옳은 행동을 쉽사리 실천에 옮기지 못했답니다. 저기 성도님 아버지 뒤쪽으로 무언가 보이진 않는지요?"

성도는 하영 말에 눈을 크게 해서 하영이 가리킨 곳을 바라보았다. 하지만 아무것도 발견할 수가 없었는지 떨떠름한 표정으로 하영을 바라보며 말했다.

"제 눈에는 아무것도 보이질 않아요."

"그렇군요. 성도님 아버지의 입장이 너무나 난처해서 함께 하시는 지극히 거룩하신 영의 모습조차 뵈지 않을 정도군요."

하지만 성도는 아버지의 일일랑은 심드렁한 모습으로 바라볼 뿐이었다. 성도 관심사는 오로지 어머니에게만 집중되어 있었다.

"저는 아버지에게 별 관심 없어요. 어머니는 한 평생 나와 아버지를 위해 당신 한 몸을 희생하셨는데 아버지는 그것도 모르고 주위 사람들의 허튼소리만 믿고 누명을 씌워 버렸거든요. 아버지가 해외에서 벌어들인 돈을 다 아버지 식구들이 써 버렸죠. 그리고는 말이죠....... 이건 뭐 어머니가 바람을 피워... 뭐라더라... 예... 글쎄 탕진한 것처럼 조서를 꾸며서 누명을 씌어 버렸던 것이었어요. 동네에서 맨날 노는 아저씨들도 합세해서요. 도대체 이 세상에 정의가 있기나 한 것인지 까지 모를 일입니다."

성도는 여느 때처럼 울분이 급하고 재빠르게 차오르는 고질적인 성격 탓에 말까지 더듬어 댔다.

"맞습니다. 저때 성도님의 어머니는 억울한 누명을 쓰신 겁니다. 저희는 정확히 알고 있답니다. 그러나 너무 상심하지 마세요. 저게 끝이 아니었잖아요. 지극히 거룩하시고 높으신 분은 역전을 아주 잘하십니다. 성경을 통해 약속하신대로 모든 것을 합력시켜 마침내 선을 이루게 하셨죠."

"그래도 하영님. 그래도 당했던 저때만큼은 너무나 괴로웠어요. 죽음을 다시 각오 할 만큼이요. 그리고 저 일 후로 나는 아주 성격이 삐뚤어져 버렸잖아요."

좌우로 나뉘어 있던 두꺼운 보라색 막이 서서히 닫히면서 무대 마당에는 안개가 낀 듯 했다. 막이 완전히 합쳐지자 오케스트라 악단의 찬송가 연주가 홀을 가득 채울만한 웅장한 소리로 흘러나왔다. 성도가 연주소리에 눈을 지그시 감은 채 듣고 있다가 이내 곡조에 맞춰 흥얼거렸다. 성도가 평소에 자주 부르며 애창하던 찬송가 연주였다.

"지금까지 지내온 것은 주의 크신 은혜라. 한이 없는 주님의 사랑 어찌 이루 말하랴. 자나 깨나 주님의 손이 항상 보살펴주시고 모든 일을 주님 안에서 형통하도록 하시네……"

하영이 성도 귓가에 입을 가까이 대고 나서 넌지시 말했다.

"성도님뿐만 아니라 많은 분들을 이번에 이곳 인생박람회에 초대한 이유가 바로 이것이랍니다. 지극히 거룩하신 분께서 베푸시는 은혜가 이번 박람회의 주제랍니다. 곧 다른 장면이 시작될 것입니다."

관현악단 찬송가 연주가 끝나자 닫혀있던 보라색 막이 좌우로 천천히 나뉘었다. 중학생 성도가 최악으로 말썽꾸러기 상태였던 모습으로 등장을 했고 그의 뒤로는 동네 상점들이 세트되어 있었다.

성도는 중학교 교복을 입은 채로 담배를 피워댔고 술을 벌컥벌컥 마셔대기도 했으며 또래의 다른 학교 학생들과 쌈질을 해대었다. 지나가는 애꿎은 여학생들을 향해 희롱하는 장면도 연출되었고 자기보다 어린 학생들을 붙잡아 그들의 돈을 빼앗기도 했으며 슈퍼마켓에 들어가서는 그곳의 물건을 몰래 훔치기까지도 했는데 이런 몇몇 장면들이 연달아서 보여 졌다.

이 장면들을 유심히 지켜보던 성도의 머리가 점점 밑으로 떨구어졌다. 성도는 철부지 같은 당시 행동들을 후회라도 하고 있었던 것인지 긴 한숨을 푹푹하고 내쉬었다. 한편으론 하영에게조차 부끄러웠던지 마지막에 가서는 양 손으로 얼굴을 가리기까지 했다.

"너무 자책하거나 부끄러워 마세요. 지금은 전혀 그렇지 않으시잖아요."

하영이 나지막한 음성으로 성도를 위로해주었다.

"보기 싫더라도 조금 더 보세요. 곧 새로운 반전이 있을 것입니다."

하영 응원에 성도가 떨군 고개를 살짝 들고 눈은 치켜 뜬 채로 무대를 바라보는데 중학생 성도가 서 있는 머리 위로 성도어머니의 철창 위에 있었던 풍경과 같은 모습이 재등장을 했다. 흰 옷을 입은 수많은 무리들이 구름 위에서 기도를 간절히 했고 손바닥에 구멍이 나있는 분이 맨 앞에서 역시 손을 든 채로 기도하고 있었다.

그때 중학생 성도 좌우에 순백으로 빛나는 갑옷을 입은 두 사람이 서있었다. 그들은 중학생 성도에게 날아 들어오는 화살을 그들이 들고 있던 큰 방패로 막아냈다. 어느덧 화살들이 잦아들자 중학생 성도가 서 있던 무대바닥에 커다란 싱크홀이 생겨났다. 바닥 밑으로 중학생 성도와 곁에 서 있던 빛나는 흰색 갑옷을 입은 두 사람이 모두 추락해야 할 상황이었지만 양 옆에 있던 사람들이 성도의 양 팔을 이쪽저쪽에서 낀 채로 공중에 떠 있었다.

"저것이 무엇을 의미하는 건가요. 하영님?"

"성도님은 저 당시 사탄으로부터 집중공격을 받고 있었어요. 사탄들은 성도님을 초토화시켜 지극히 거룩한 분으로부터 완전히 떠나 버리게 만들려했죠. 하지만 성도님은 이미 지극히 거룩한 분의 자녀라서 지극히 거룩한 분의 관심과 시선이 결코 떠나질 않았던 것입니다.

천상에서는 언제나 성도님을 위해 쉬지 않고 기도를 하고 있는데 제일 앞에는 갈보리 언덕에서 지극히 높으신 분의 뜻을 따라 순종하신 거룩한 어린 양이 성도님을 위해 기도를 쉬지 않으셨죠.

성도님의 양쪽 팔을 붙들고 계신 두 분은 천상에서 아주 유명하신 분들이죠. 바로 가브리엘과 미가엘 천사입니다. 저 두 분이 방패를 들어 사탄의 공격을 막아 주셨고 성도님께서 감당할 만큼의 고난만 받도록 지켜주셨어요. 때론 어린 양의 좋은 소식을 전달해 주기도 한답니다. 어떤 때에는 승리하는 신앙이 되도록 용기와 격려를 전해주기도 하고요."

"그런 대요 하영님. 내가 잘못을 저지르고 있었을 때에 하나님은 내게 벌을 주려고 생각하진 않으셨을까요? 구약성경을 보면 그렇던 데요."

성도가 한 풀이 꺾인 듯 기운 빠진 말투로 하영에게 물었다.

"때에 따라 그렇게 하실 수도 있겠지만 그것은 오직 지극히 거룩하신 분의 의중이라서 저도 그것에 대해 무어라 단정하지를 못하겠습니다. 다만 저때 성도님의 경우에서는 지극히 거룩하신 분의 뜻을 성도님이 전혀 모르고 있었던 상태였죠. 인생의 버거움을 스스로 견디고 이겨 낼 힘조차도 없었고요. 저 당시 성도님의 신앙을 인간성장의 때로 비유하자면 갓난아기 같은 수준이었죠. 죄가 무엇인지도 전혀 모르고 있는데 벌을 줄 수 있을까요?"

"저때야 그랬지만 세례를 받고 난 이후에도 말썽을 부렸으니……
어휴 저는 참 한심한 사람이죠!"

하영이 성도의 별안간 푸념에 그만 실소를 터뜨렸다.

"아, 죄송합니다. 성도님. 저도 모르게 그만."

"……"

"지금은 다 지나간 일이잖아요. 그런데 성도님께서 하도 진지하게 현재처럼 말씀을 하니까 저도 모르게 실수를……"

둘로 나눠져 있던 보라색 막이 다시 하나가 되었다. 오케스트라의 찬양연주가 또다시 잔잔하게 흘러나왔다. 맛난 점심식사로 토마토파스타를 만들어주었던 카페매니저가 양 모습이 새겨진 하얀 컵에 따뜻한 아메리카노를 담아 그들에게로 가져왔다.

"하영님이 그새 주문하셨어요?"

성도가 화들짝 놀란 얼굴로 카페매니저를 바라보며 말했다.

"저는 아닙니다. 성도님께서 커피를 생각하셨나 보죠?"

"그렇긴 했는데……"

"그렇습니다. 성도님의 마음의 소리가 제게는 실제 소리가 되어 들려오게 됩니다."

카페매니저가 특유의 평온한 미소를 지어 보이며 말했다.

"스쳐 지나가듯 생각을 했을 뿐인데……"

"놀라실지 모르지만 이곳 박람회에서는 성도님께서 평소 즐기던 음식들을 다양한 루트를 통해서 경험하실 수 있답니다. 조금 지나면 제 말의 의미를 알게 될 것입니다. 다시 뵐 때까지 평안하세요."

돌아가는 카페매니저 뒷모습을 바라보며 성도가 생각에 잠겼다.

'저분의 미소는 나의 어머니 미소에 버금가는 안심을 주는 신기한 힘을 지닌 미소야! 내 기분 탓일까? 아니면 저 분의 매력일까?'

성도와 하영이 동시에 커피 잔을 들고 호로록 마셨다. 거대한 보라색 막이 커피를 마시는 소리에 맞추어 좌우로 나뉘어 갔다. 무대 중앙에는 중학생 성도가 오른편에 놓여있는 강단을 향해 무릎을 꿇은 채로 기도하고 있었다.

"예수님, 죄송해요. 갈 곳이 없습니다. 여기서 오늘 하룻밤 신세를 지려합니다......"

성도가 기도를 하는 중에 바라보는 강단 뒤로는 예수님의 반신 초상화가 걸려있었다. 잠시 후 놀라운 일이 일어났다. 초상화 안에 있던 예수님이 곧 살아있는 예수님으로 바뀌더니 기도하고 있던 성도에게로 다가가는 것이었다. 예수님은 구멍 난 왼손으로 성도의 등을 어루만졌고 또 다른 구멍 난 오른손으로는 성도의 머리를 쓰다듬었다.

"저때의 기억이 남아있는지요. 성도님?"

"그럼요. 아다마다요. 어머니께서 철장에 갇히시고 홀로 남겨진 저는 제 의지와는 상관없이 다니던 학교와 멀리 떨어진 친척집에 떠맡겨졌죠. 3시간 넘어 걸리는 통학 길이었어요. 기차, 지하철 그리고 버스로 환승해야 했죠. 그뿐만 아니라 떠 맡겨진 그곳에서 저는 편파적인 구박과 설움도 받았어요.

어느 날인가는 마음의 쓰라림을 견디지 못해 한 동안 그 집을 뛰쳐나와 거리를 무작정 배회했죠. 마땅히 갈 곳도 없어 추위와 배고픔에 마냥 떨고 있는데 마침 빨간색 십자가가 눈에 확 띄었어요. 왠지 발길이 무심코 그곳을 향하더라고요.

상가 지하에 있던 예배당이었죠. 아무도 없었고 때마침 문도 열려져 있는 상태라 일단 무조건 그곳을 들어갔어요. 전등을 켜는 것은 안 되겠다 싶어서 호주머니에 지니고 있던 일회용 가스라이터를 켰지요. 한쪽 구석에 쌓아 놓은 방석들이 보이더라고요. 그것들을 가져와서 예배당 중간에 깔고 나머지로는 대충 덮고 누웠답니다.

살 것 같더군요. 일단 추위만이라도 피할 수 있었으니까요. 안도의 숨을 돌리고는 쪽잠이라도 자보려고 하는데 한 치 앞을 분간할 수 없었던 어둠 속에서 묘하게도 강단 뒤에 걸려 있던 예수님의 초상화가 차츰차츰 뚜렷하게 보이기 시작하는 것이었어요. 순간 예수님께 미안한 감정이 들더군요. 저는 곧바로 자리에서 일어나 무릎을 꿇고 난생 처음으로 자발적 기도를 하게 되었던 것입니다."

"저 당시 성도님은 너무나 아름다운 기도를 하셨답니다. 저때 제가 성도님의 기도를 금 대접에 고이 담아서 지극히 거룩하신 분의 보좌 앞에 올려다 드렸습니다."

"과찬이세요. 기도라고는 생전 처음이라서 무슨 말을 해야 할지 통 몰랐고 단지 아무도 없는 교회에 몰래 숨어들어 온 것이 마음에 걸려서 양해를 구한 것뿐이었어요."

"성도님. 그것이 바로 기도랍니다. 꾸미지 않고 누구에게 보여주려 하지 않으며 대사처럼 막연히 읽어 내려가는 것이 아니라 마음에 있는 것을 지극히 거룩하신 분께 솔직하게 고백하는 것, 그것이 진정한 기도랍니다. 지극히 거룩하신 분은 그런 기도를 들으시고 즐거워하시죠. 물론 지극히 거룩하신 분은 자녀들이 무엇이 필요하고 무엇을 해결 받아야 할지 이미 모든 것을 알고 준비하고 계시지만 그들이 믿음으로 그리고 진정으로 구하기를 기다리신답니다."

2-3. 두 개의 길

중학생 성도가 기도하던 모습과 등장하신 예수님의 모습이 보라색 막이 닫힘과 동시에 사라진 후 발람회장의 모든 조명이 마치 꺼져가는 것처럼 사방이 점점 어두워졌다.

완전한 암흑이 드리워지기 바로 전이었다. 무대마당 앞부분에 둥글고 굵은 빛줄기 하나가 비쳐보였다. 이어 3D 영상처럼 입체적인 장면이 선명하게 펼쳐졌다. 대개 이런 장면은 특수 제작된 안경을 착용한 상태에서 시청이 가능한 것일 텐데 여기서는 그것 없이도 입체 장면을 충분히 감상할 수 있었다.

제일 처음 빛줄기 안에 보여 진 것은 곧바로 나 있는 포장된 길이었다. 둥그런 빛줄기 안에 곧바로 나있는 길이 등장했고 마치 카메라 영상으로 촬영을 하고 있는 것처럼 빛줄기가 점차 올라가며 길을 비추었다.

이윽고 곧바로 나 있던 길을 비추던 빛줄기가 어느 지점에 이르더니 멈춰 섰다. 빛줄기가 움직임을 멈춘 곳에는 영어 스펠링 Y자처럼 한 개의 길이 두 개의 길로 나누어 진 것이 보였다. 그런데 나누인 두 길은 크기에서 차이를 가졌다. 오른쪽 길은 한 사람이 겨우 지나갈 만큼 좁다란 길이었고 왼쪽의 길은 자동차도 지나갈 만큼 널찍했다.

다른 점은 또 있었다. 길바닥의 모양새였다. 좁은 길은 인적이 드믄 시골의 산길처럼 비포장이었고 더군다나 다양한 크기의 돌들마저 여기저기에 민머리를 내밀고 반짝거리고 있었다. 그러나 넓은 길은 아스팔트로 깔끔하게 포장 되어 있어서 걷기에 편할 뿐만 아니라 뛰기에도 전혀 무리가 없었다.

하나로 쭉 뻗은 길에 누군가의 뒷모습이 보였다. 그는 뒤통수가 빡빡 깎여 있었다. 그가 고개를 옆으로 살짝 돌리는 순간 그의 얼굴을 확인할 수 있었는데 성도의 앳된 중학생 모습이었다. 어느덧 중학생 성도가 하나의 길이 두 곳으로 갈라지는 지점에 이르렀다. 그는 양쪽을 번갈아 바라다보았다.

관람석에 앉아 이를 지켜보던 성도가 상채를 조금 앞으로 내밀어 빛줄기 안 어딘가를 유심히 집중해서 보았다. 그의 시선은 나누인 양쪽 길 시작점에 세워져 있는 표지판에 가 있었다.

좁다란 길 시작점 표지판에는 '생명의 길'이라는 글자가 적혀 있었다. 그리고 널따랗고 비교적 잘 포장되어 있는 길 시작점에는 '멸망의 길'이라고 적힌 표지판이 세워져 있었다.

중학생 성도는 그것들이 의미하는 것을 전혀 이해하지 못하고 있는 것처럼 보였다. 어느 길로 가야할지 몰라 한동안 망설이고 있었다. 그때였다. 중학생 성도 뒤에 커다란 손 하나가 등장했는데 커다란 손은 중학생 성도 등을 좁은 길을 향해 가도록 떠밀었다.

중학생 성도가 손의 힘에 떠밀려 좁은 길로 들어갔지만 얼마 가지 못해 마치 다리가 풀려버린 것처럼 땅바닥에 그대로 털썩 주저않았다. 그리곤 두 발을 번갈아 가며 양 손으로 붙들어 입가로 가져가 호호 입김을 불어 댔다. 중학생 성도 눈가에는 눈물마저 그렁그렁 매달려있었다. 성도는 손바닥으로 발바닥을 부지런히 비벼댔다.

땅에 박혀 있던 수많은 돌들이 원인이었다. 워낙 촘촘히 박혀있어서 마른 땅을 밟기란 여간 어려운 것이 아니었다. 처음 몇 발자국은 견딜만했지만 아픔에 아픔이 두 배 이상 오르자 도저히 견디질 못했던 것이었다. 마른 땅을 밟으려 이리저리 발걸음을 옮기는 것이 마치 개다리 춤을 추는 것처럼도 보였다.

얼마 후 어느 정도 아픔이 가셨는지 발바닥을 문대는 동작이 느려졌다. 이어 골똘히 생각에 빠져들었던지 멍한 표정으로 어느 한 곳에 그의 시선이 쏠렸다.

잠시 후 어떤 결단이 내려졌는지 고개를 한 번 까딱거린 중학생 성도가 갈라졌던 길로 살금살금 되돌아 나왔다. 그리곤 큰 길로 향하는 곳을 향해 세워진 안내판을 흘깃 쳐다보더니 한 치 망설임 없이 그곳 길로 접어들었다. 이때 그가 본 안내판에는 '멸망의 길' 밑으로 '이곳 길은 나중에 저쪽 길과 다시 만남'이라고 적힌 글자가 첨가되어 있었다.

관람석에서 이것을 바라보던 성도가 뭔가 못마땅하다는 듯 고개를 설레설레 흔들었다. 나란히 앉아있던 하영이 입을 열었다.

"저기 길을 걷고 있는 어린 성도님은 각각 두 표지판에 적혀 있는 문구의 의미에 대해 이해를 못했답니다. 성경을 아예 모르고 있는 상태여서 팻말에 적힌 글에는 관심을 가지지 않았지요."

"그래도 멸망이라고 적혀있는데...... 흠, 그것을 보고서도 길을 선택하지는 않을 것 같은데......"

성도가 퉁명스런 말투로 대꾸를 했다.

"그렇지만 성도님. 신자나 불신자나 또는 의미를 알건 모르건 표지판을 보고나서도 생명의 길을 선택하는 사람은 그리 많지 않답니다. 또한 저기의 어린 성도님처럼 잠시 들어섰다가는 고통을 견뎌내지 못해 이내 포기하는 경우가 수다하답니다."

"……"

"성도님께서 이미 숙지하고 있는 내용이겠지만 이해를 상기시키고자 간단한 설명을 드리겠습니다. 좁다란 길의 끝은 영원한 생명이 있는 곳으로 신자들이 돌아갈 본래의 고향으로 향하는 길이랍니다. 그러나 넓은 길의 끝은 멸망 곧 영원한 형벌의 장소가 기다리는 길이지요. 지극히 높으신 분은 처음에 성도님을 생명의 길로 이끄셨으나 저 당시의 성도님은 이른바 전신갑주 준비가 전혀 되어 있지 않아서 좁은 길 수난을 감당하지 못한 것이랍니다."

"그런 것이군요. 그런데 하영님, 죄송스런 질문 같지만 준비가 덜 되어 있었는데 굳이 저런 험한 길을 가게 하신 것은 설마 높으신 분의 착오였을까요?"

"성도님께선 그렇게 여길 수도 있겠지만 지극히 높으신 분은 우리라도 감히 측량 못할 지혜로서 전 우주에 걸쳐 모든 일을 창조 때부터 계획하시고 지금까지 다스려 오시는데 전혀 실수가 없으십니다. 여기에는 성도님을 향하신 계획도 포함된답니다."

"그렇지만 저기에서 보시다시피 나중에 다시 만난다고 되어 있는데 애초에 걷기 좋은 길로 가도 되는 것을 왜 굳이 나쁜 길로 가게하신 것인지 모를 일입니다."

"그럼 그것을 누가 첨가시켜 놓았는지 다음 장면을 관람하시면 알 수 있답니다."

성도가 하영 대답을 따라 무대로 고개를 돌렸다. 중학생 성도가 좁은 길에서 돌아 나올 때에 성도가 미처 확인하지 못한 장면이 확대되어 보여 졌다.

중학생 성도가 좁은 길에서 돌아 나오는 그 짧은 시간에 갈라진 길에서는 매우 신속한 공사가 벌어졌다. 검은 옷을 걸친 인부 둘이 팻말에 특수한 페인트로 다시 만난다는 문구를 써내려갔다. 이어 넓은 길로 향하는 팻말을 성탄트리 장식 때 사용하는 것 같은 작은 액세서리들로 화려하게 장식을 해놓았다.

그리고 팻말 바로 옆에는 네모반듯한 나무판을 세워놓고는 포스트잇을 덕지덕지 붙여 놓았다. 포스트잇에는 사람들이 직접 수기로 작성한 내용들이 적혀있었다. 그중에 대표적인 것 하나가 확대되어 보여 졌다.

"좁은 길은 고통을 극복할 수 있는 소수의 선택받은 사람들만이 갈 수 있는 길이지만 넓은 길도 결국 생명의 길로 연결되어 누구나 갈 수 있도록 허락해 주심에 감사드립니다."

이것을 본 성도가 하영을 향해 넌지시 물었다.

"공사를 하는 분들을 보니 앞전에 봤던 것처럼 선량한 분들은 아닌 듯싶은데 포스트잇에 적힌 문구를 보니 결과적으로는 문제가 없어 보이기까지 하는데요?"

"성도님 혹시 요한계시록에 적힌 성경구절 중에 온 천하를 꾀는 자라는 구절을 알고 계시나요?"

"예, 아마도 요한계시록 12장 어딘가에 있는 것으로 알고 있습니다."

"그렇습니다. 저들이 너무나 잘 하는 것 중에 하나가 거짓말이랍니다. 꼭 사실처럼 속인답니다."

"아아! 그럼 저기 적혀있는 포스트잇은 저들이 작성한 거짓말이라는 것이군요!"

수많은 사람들을 마치 올바른 선택인 것처럼 유도해서 죄책감 하나 없이 넓은 길로 향하게 하는 팻말은 아무나 볼 수 있는 것만은 아니었다. 딱 세 종류의 사람들에게만 보이도록 특수 도료에 의해 만들어진 글자와 장식이라고 하영이 부연설명을 했다.

한 종류는 중학생 성도처럼 좁은 길에서 되돌아 나온 사람들이었고 두 번째 종류의 사람들은 전혀 거리낌 없이 넓은 길로 향하려는 사람들이라고 했다. 마지막 종류의 사람들은 갈림길에서 지나치게 망설이던 사람들로 갈등이 최고조에 이르게 되는 순간 그것이 보이도록 되어 있다고 했다.

"그랬군요. 그래서 처음에 제 눈에는 안 보였던 것이군요. 저도 만약 더 망설이고 있었다면 저에게도 큰 길을 택할 이유가 생겼겠군요."

"맞습니다. 하지만 지극히 거룩하신 분의 택함을 입은 자녀들이 자신이 택함을 입은 사실을 알지 못하는 경우라면 큰 손이 나타나서 그들을 좁은 길로 가도록 한답니다."

"그런데 말이죠. 하영님. 제가 큰 길로 들어섰다면 문제 아닌가요?"

"그렇죠. 크나큰 낭패죠. 그러나 성도님은 그 길을 얼마 가지 않고 또 다시 길을 바꾸어 좁은 길로 들어오셨어요."

"어떻게요?"

"조금 전 보셨던 큰 손이 넓은 길로 가다 어둠속에서 이리저리 헤매이고 있던 성도님을 붙들어서 생명의 길로 돌려놓으셨지요."

"정말요! 할렐루야. 저, 하영님. 한 가지 더 묻고 싶은데 듣고 배워서 어느 정도 알고는 있었지만 좁은 길과 넓은 길이 우리들 삶의 무엇을 비유하는 것인지 정확히 이해하기가 어렵더라고요. 의미상으로는 대충 알겠는데 말이죠."

"그것은 저기 무대에서 연출될 장면들이 더 잘 알려주리라 생각합니다."

양 편으로 갈라지는 길목에 여러 사람들이 순차적으로 등장을 했다. 그들은 등에 이름표를 붙이고 있어서 누구인지 식별하기에 무리가 없었다. 제일 처음 등장한 사람의 등에는 요셉이라는 이름표가 붙어있었다.

그의 선택은 좁은 길이었다. 그러나 요셉도 넓은 길을 전혀 무시했던 것은 아니었다. 하지만 요셉에게도 커다란 손이 등장해 그를 좁은 길로 가도록 떠밀었다. 이후 요셉은 좁다란 길로 발걸음을 내딛기 전 '생명의 길'이라고 쓰인 팻말 앞에 공손하게 무릎을 꿇더니 기도를 했다. 이윽고 기도를 마치고 좁은 길로 들어서려는데 '생명의 길'이라 적힌 표지판 글자 밑에 또 다른 글자들이 한 자 한 자 아로새겨지기 시작했다.

'생명으로 생명을 구원하는 길'

요셉의 청년기는 마치 죽은 자와 방불할 정도로 처절했던 삶이었다. 그러나 그것이 역전되어 수많은 사람들을 구원해 내는 경이로운 결과를 이루었다. 요셉이 걸은 좁은 길은 형들에게 배신당한 후 고단하고 피곤한 이집트에서의 종살이 삶이었다. 그에 더해 요셉이 걸었던 힘겨운 좁은 길은 이방나라에서 감옥에 갇히는 신세에까지 이르렀는데 그것은 자유를 몽땅 잃어버리고 소망마저 완전히 끊어져 있었던 삶이었다.

하지만 요셉은 그런 중에서도 하나님을 저버리지 않았다. 하나님과 동행하기를 기뻐하면서 꿈으로 주신 비전을 소망삼아 험난했던 그의 길을 무사히 견뎌냈고 결국 승리의 끝을 보았다.

요셉 다음에 등장한 사람은 사울 왕이었다. 그는 잠시 주저하는 듯하더니 큰 길을 선택했다. 그가 큰 길을 선택한 까닭은 들려오는 환호성 때문이었다.

사울이 결정을 못하고 주춤거리고 있으려니 때마침 큰 길 방향에서 수많은 사람들이 사울의 이름을 불러댔다. 거기에 격한 환호성마저 질러대는 소리를 듣더니 그의 귀가 커졌다. 그와 반대로 좁은 길 쪽에서는 사람들의 고통스런 신음과 비명소리가 들려왔다. 사울은 양쪽 길에서 들리는 소리로서 결정을 내렸다.

사울이 큰 길을 향해 발걸음을 힘차게 내 딛으려고 하는 순간 그곳 입구에 놓인 멸망의 길이라는 팻말 문구 밑에 글자들이 생겨났다.

'이 길은 영광으로 영광을 돌리는 길'

이것을 본 사울이 어깨마저 쭉 펴고 큰 길을 향해 저벅저벅 나아갔다. 사울이 걸었던 큰 길은 하나님의 의사를 무시하는 결과를 가져왔는데 자신이 얻게 된 영광을 마치 하나님께서 기뻐 받으실 하나님의 영광일 것이라고 간주했다. 즉 이스라엘 백성들이 기뻐하는 일에만 주안점을 두어 정치를 실행한 사울왕은 하나님의 명령을 준행하지 않는 것이 옳지 않음을 알고도 하나님의 명령을 스스로 저버렸다. 좋은 게 좋은 것이라 여겨 자신과 이스라엘 백성이 전쟁의 승리나 약탈 물자로 영광을 얻게 되면 하나님께서 기뻐하실 것이라 여겼던 것이다. 그러나 그런 영광들은 하나님께서 허락하신 영광이 아니라 자신들이 일구거나 욕심에 의해 만들어진 그릇된 영광이었다.

사울 다음 등장한 인물은 다윗이다. 그는 갈림길에 세워진 표지판을 한 번 번갈아 바라보더니 이후 고민 없이 좁은 길로 들어섰다. 그가 좁은 길을 들어선 후 표지판에는 다음과 같은 문구가 새겨졌다.

'사망의 음침한 골짜기 같더라도 주의 지팡이와 막대기가 있는 길'

몇 걸음 걷던 다윗이 발을 부여잡고 문질렀다. 그러나 그는 땅에 박힌 돌을 원망하기보단 연약한 자신의 발을 가엾게 여겼다. 성도가 바라보는 다윗은 발의 통증을 즐기는 것처럼도 보였다. 몹시 아프고 괴로운 표정이 있었고 얼마 가지 못해 진행 속도도 눈에 띌 정도로 줄었지만 다윗은 큰 목소리로 외쳐댔는데 마치 노래를 부르는 것 같았다.

"생명의 길, 생명의 길, 영원한 생명의 길, 오직 이 길만이 생명. 감사, 감사, 감사. 여호와는 나의 목자. 나의 방패. 나의 피난처."

이것을 바라보던 성도가 하영에게 물었다.

"하영님. 다윗이 느끼는 고통은 일반적이지 않은 것 같아요?"

"그렇습니다. 저희들도 다윗만큼은 감당이 안 되었어요. 저분은 지극히 거룩하시고 높으신 분을 바로 곁에서 모시고 있는 우리보다 더 사랑하고 신뢰하는 것 같았어요. 다윗은 삶의 한 순간도 지극히 높으신 분과 떨어지지 않으려 했고 지극히 높으신 분의 뜻이라면 재물도 명예도 건강도 심지어 생명까지라도 전혀 아까워하질 않았죠. 저분을 보노라면 마치 천사장 미가엘을 보는 듯 했습니다. 어찌나 용맹스럽고 두려움을 모르시는지 참으로 대단 그 자체였습니다."

하영이 두 손의 엄지를 치켜세웠다.

다윗 다음에 등장한 사람 등에는 예레미야라는 이름표가 붙어있었다. 그 역시 갈림길에 이르러서는 좁은 길을 선택해 나아갔다. 그가 좁은 길을 선택하기 전 그에게는 앞선 사람들과 다른 선택 동작이 있었는데 그것은 기도였다. 갈라진 길 앞에서 공손하게 무릎을 꿇고 기도를 했다.

그런데 예레미야는 다른 이들과는 전혀 색다른 모습으로 길을 나아가고 있었다. 그는 두 발이 아니라 두 무릎을 발로 대신해 나아가고 있었다. 예레미야의 무르팍이 깨져 피가 철철 흘렀다. 어떤 때 그는 나아가다 도저히 참지 못하겠던지 멈추어 섰고 곧 하늘을 향해 두 팔을 번쩍 치켜들기도 했다.

그의 두 눈에서는 무릎에서 흘러나오는 피처럼 눈물이 쏟아져 내리고 있었다. 예레미야의 눈물에는 특별한 것이 감추어져 있었는데 자신의 아픔 때문에 흘려지는 눈물만은 아니었다.

"야훼 여호와여. 저들을 불쌍히 여겨주옵소서."

예레미야의 간절한 외마디 외침이 들려왔다. 하나님의 뜻을 도무지 깨닫지 못하여 곧 멸망당할 위기에 있는 불쌍한 자신의 민족을 향해 예레미야는 마치 자신이 당하는 일처럼 애타하고 있었다. 눈물의 선지자라고 불리던 이유가 확실해지는 순간이었다. 한편 예레미야가 출발했던 돌밭 길 시작점에 세워진 표지판에는 다음과 같은 글귀가 서서히 첨가되었다.

'눈물 없이 못가는 길, 그러나 참된 행복이 있는 길'

예레미야 모습이 완전히 사라지고 이어 등장한 인물이 등에는 이름표가 없었다. 그는 뒷머리가 엉클어진 채로 길게 내려져 있었다. 흡사 여성과도 같았지만 남성이었다. 낡고 허름한 통으로 된 세마포 옷을 입고 있었다. 그가 어느덧 갈라지는 길에 이르러 서더니 뒤돌아서서 무언가를 바라보았다. 그의 시선은 마치 관람석에 앉아 있는 성도를 바라보는 것처럼 성도와 눈이 똑바로 마주쳤다. 그때 성도가 떨리는 목소리로 혼잣말을 했다.

"내 사랑하는 예수님!"

예수님은 좌우 살핌 없이 곧바로 좁은 길을 향해 발걸음을 내딛었다. 잠시 후 돌밭 길을 걷던 예수님의 모습에 변화가 나타났다. 예수님은 자신의 키 높이 보다 월등히 크고 상당히 무거워 보이기까지 한 나무십자가를 어깨에 짊어진 채 험한 돌길을 절뚝거리며 걷고 있었다.

그래서였을까! 얼마 가지 못해 무릎이 꿇어졌는데 겨우 일어나나 싶더니 무거운 나무십자가에 아주 깔려버리기를 몇 번 반복했다. 예수님의 발은 완전히 깨어지고 뭉개진 것 같았다. 피가 계속 흘러 났는데 먼지와 어우러진 발은 아주 시꺼멓게 되어 있었다. 온 몸은 땀과 피가 흥건하고 범벅되어 갈색 세마포가 어느새 홍색으로 모두 염색이 되어 가고 있었다. 머리에 씌워진 가시로 만든 관은 나무십자가에 눌려 예수님의 머리에서는 계속해서 피가 쉬지 않고 흘러내렸다. 어느 지점에 이르자 예수님께서 무릎을 꿇으시고 하늘을 우러러 기도하셨다.

"아바 아버지여 저의 고난은 아버지의 선하신 뜻임을 알고 있습니다. 제 원대로 말고 아버지의 뜻대로만 이루어지기를 원합니다. 그리고 저를 따르는 좁은 길을 선택한 모든 이들이 비록 힘한 십자가의 길 같더라도 끝까지 감당할 수 있도록 돌보아 주시옵소서."

예수님은 다시 힘을 주어 일어섰다. 아주 천천히 자신이 달려 못 박힐 무시무시한 처형 장비를 어깨에 걸쳐 메고는 한 발자국 한 발자국 비틀거리며 나아갔다. 이 장면을 바라보는 성도의 눈에서는 눈물이 하염없이 흘러내리고 있었다.

어느덧 예수님의 가련한 장면이 사라진 뒤 잠간 동안 어둠이 무대 위에 내려앉았다. 잠시 후 다시 넓은 빛줄기가 비춰지는 무대에는 아나니아, 삽비라라고 각각 이름표를 등에 붙인 사람들이 등장했다. 그들은 갈림길에 도착해서 꽤 오랫동안 망설였다. 그들은 좁은 길을 몇 번이나 기웃거렸다. 그리고 두 사람이 대화를 나누는 모습도 보였다. 한참을 고민하던 두 사람은 결국 큰 길을 선택했다.

사실 그들은 좁은 길에 솟아있던 돌멩이를 처음엔 못 보았으나 몇 번 기웃거리는 동안 그것을 발견했다. 그것들이 그들의 마음을 아주 상하게 만들어 버렸다. 마음이 상해 있는 중에 그들은 큰 길을 바라보았다. 그때 길에 깔린 검은 색 아스팔트가 금빛으로 번쩍이는 황금 길로 바뀌어 보였다. 삽비라가 남편 아나니아에게 말했다.

"여보, 봤어요? 황금 길이에요. 저 길이 우리가 가야 할 길이 맞아요."

더군다나 그들 부부가 바라본 표지판에는 그들이 평소에 원했던 문구까지 추가되어 있었다. 이 부부는 평소 기브 엔 테이크를 삶과 인간관계의 방식으로 여기고 있었다.

'이 길 끝에는 반드시 선한 행실의 보응이 있음'

하영이 성도의 귓가에 입을 가져다 대곤 넌지시 말했다.

"저들 부부의 선행은 지극히 높으신 분을 사랑한 결과로서 이어진 것은 아니었죠. 오히려 주변 사람들을 인식한 결과였을 뿐만 아니라 더욱 치명적인 실수는 지극히 높으신 분과 거래를 하려는 것이었답니다."

잠시 후에 좁은 길로 들어섰던 사람들의 중간 상태가 보여 졌다. 그들 모두에게는 하늘의 천사들이 등장해 그들이 걷고 있는 길 위에서 온갖 악기들로 웅대한 찬양연주를 하고 있었다. 그 소리는 그들에게 힘찬 응원가가 되어 들려왔고 때론 위로와 격려의 멜로디가 되어 그들에게 들려졌다.

좁은 길을 걷고 있는 사람들의 발은 완전히 뭉개져 있어서 발의 모습조차 알아볼 수 없을 정도였다. 그러나 그들은 아랑곳하지 않앉고 밝고 환한 웃음을 지니고 있었는데 얼굴 표정을 보니 마치 천사의 얼굴을 보듯 평온했고 옅은 빛을 발산하고 있었다.

성도는 그들 모두가 마치 선천성 무통각증을 앓고 있는 사람들처럼 아픔일랑은 전혀 느끼지 못하는 사람들로 착각을 할 정도였다. 어떤 이들에게는 때때로 비가 내리기도 했는데 그것을 받아 마신 후에는 기진맥진하여 축 쳐져있던 몸이 활력을 얻어 건장해 보이기까지도 했다.

한편 큰 길을 선택했던 사람들의 중간 장면도 이어 나타났다. 사울은 얼마간의 환호성에 즐거운 듯 마냥 들떠있는 모습으로 위풍당당하게 걸어 나갔다. 그런데 얼마 안 되어 사방이 어두워졌는데 칠흑이라는 말이 어울릴 정도였다. 환호성은 온데간데없이 사라졌고 사울은 어둠 속에서 길을 못 찾아 두 팔을 앞으로 들고선 제자리에서 두리번거리기만 했다. 그리고는 사방에서 이상한 소리들이 들려왔는데 비웃음 소리, 욕하는 소리, 신음 소리, 두려움에 비명질러 대는 소리, 곡소리 등등이었다. 사울은 어둠과 이상한 소리들로 인해 완전히 정신이 빠져버린 상태가 되어버렸다.

"무슨 의미인지 알 것 같습니다."

성도의 목소리에는 힘이 잔뜩 실려져 있었다.

"그렇습니다. 기독교 신앙 정체성은 고난입니다. 왜냐면 하나님의 능력이 인간의 약함에서 드디어 나타나보여 지기 때문입니다. 99.9퍼센트의 순금이 만들어 지려면 불을 통과하는 정제의 과정이 필수이듯 신자도 고난을 겪고 난 후에야 단단하고 순전한 믿음을 소유하게 되는 것과 같은 이치랍니다.

하지만 일부 사람들은 고난을 외면하고 자신의 영광과 만족을 얻기 위해 기독교를 선택하곤 합니다. 또 다른 이들은 고단한 삶의 도피처로만 삼기 위해 선택하기도 하죠. 그러나 이런 선택들을 전혀 틀리다고 할 수는 없겠지만 궁극적인 기독교 목적과는 사뭇 다르죠.

그리고 기독교는 진리를 탐구하는 기관도 아닙니다. 오로지 지극히 거룩하신 분을 향해서 존재함이 기독교의 본래 모습입니다. 택함을 입은 모든 자녀들은 오직 지극히 거룩하신 분의 영광을 위해서 세워진 것이죠. 왜냐하면 이 세상 모든 피조물들이 지극히 거룩하신 분의 목적에 의해 거룩하신 손으로 창조되었기 때문이죠.

창조주 되는 지극히 거룩하신 분은 인간을 그릇으로 사용하십니다. 지극히 거룩하신 분께서 선물로 주는 좋은 것들을 담게 되면 귀한 그릇이 되는 것이고 반대로 그것을 원치 않고 이 세상의 것들만 담게 된다면 천한 그릇이 되는 것이죠. 저 갈림길에서 어디를 선택하는가에 따라 그 사람의 그릇 가치는 달라지는 것입니다."

"옳습니다. 하나님은 창조주이시고 우리는 피조물이죠. 그분의 높으심을 알고 나의 낮음을 아는 것이 겸손이고 바른 신앙자세라고 배웠습니다."

"그렇습니다. 그러나 태초부터 사람들은 지금까지도 지극히 거룩하신 분을 향해 도전을 해온답니다. 지극히 거룩하신 어린양의 형상을 따라 지음을 받았음에도 불구하고 그것을 인정하지 않고 잃어버린 형상의 아름다운 모습을 되찾으려고도 하질 않습니다. 참으로 애석한 노릇이죠."

"하영님의 말이 백번 지당합니다."

"자, 다음 장면을 관람하시죠."

2-4. 위대한 환영

성도가 관람 중이던 연극무대 주변이 서서히 밝아왔다. 밝기와
발맞추어 무대 위로 젊은 남녀들이 올라왔다. 그들 모두는 통으로
만들어진 흰 옷을 입고 있었는데 가슴부분에 빨간색 물고기 무늬
가 수놓아져 있었다. 이십대 초반 청년들은 스무 명 남짓이었다.

무대 위로 오른 이들이 일제히 오와 열을 정확히 맞추어 서있는
데 중년 남성이 지휘봉을 들고 무대 위로 올랐다. 지휘자로 보이는
이는 지휘단상에 오르기 직전 돌아서서 성도와 하영을 향해 정중
하게 인사를 했다. 무대 위에 먼저 올라와 있던 청년들도 그에 맞
추어 고개를 숙였다. 성도하고 하영도 자리에서 일어나 그들을 향
해 머리 숙여 답례인사를 했다. 지휘자가 단상에 올랐다. 모여 있
는 청년들 하나하나를 바라보며 눈빛을 교환하더니 이윽고 준비의
신호로 지휘봉을 살짝 들어 올렸다.

지휘자의 지휘봉이 천천히 곡선을 그리며 허공을 맴돌았다. 은
은한 소리로 시작된 그들의 합창은 서서히 장엄하게 울려 퍼져 나
갔고 절도가 있었다. 기가 막힐 정도의 하모니는 성도의 몸에 전율
을 일으키게 했다.

오로지 그들의 목소리로만 만들어 내는 아카펠라가 연극무대 사
방으로 메아리치며 울려 퍼졌다. 스피커시설은 전혀 없었다. 단 스
무 명의 목소리만으로 모든 장치들에게 떨림을 줄 정도로 우렁찬
발성을 내고 있다는 점에서 성도는 무척 놀라워했다. 그들이 만들
어 내는 발성은 수백 명 이상이 모여야 가능한 소리였기 때문이었

다. 또한 화음의 높낮이와 조화, 그리고 정확성은 이퀄라이저로 조정하는 것은 아닐까를 의심할 정도였다. 다만 그들이 부르고 있는 노래의 언어를 성도는 도무지 알아듣지 못하고 있었다.

합창단 찬양이 성도에게 감동을 주고 있던 때였다. 연극시설 주변 공간에서는 알록달록 색다른 빛들이 공간을 가득 메웠다. 합창단의 찬양 가락의 속도와 음정에 맞춰 마치 조명시설로 비추는 것 같은 빛들이 연극장 주변을 수놓고 있었다. 제일 마지막에는 일곱 색깔 무지개가 연극장 무대 전체를 수놓았다.

"뭐라 표현할 수 없는 대단한 화음이군요. 훌륭합니다. 그런데 저분들이 부르는 합창이 어디나라 언어인가요?"

성도가 하영에게 속삭이듯 물었다.

"저들은 하늘나라 언어로 찬양을 하고 있답니다."

"하늘나라 언어요?"

"그렇습니다. 맨 앞에서 지휘를 하고 계신 분은 아삽이라는 분입니다. 다윗 왕 때에 신령한 노래를 부르며 하나님께 영광을 돌렸던 분이시죠."

"저분이 그 유명한 아삽이셔요?"

"먼 옛날 부르던 신령한 노래를 저들에게 가르쳤고 지금 그것을 부르게 하고 있는 것입니다."

"그렇군요. 그런데 왜 지금 저분들이 여기에서 노래를 부르고 있는 것인가요?"

"저들은 축하를 하고 있는 것이랍니다."

"무엇을요?"

"이 세상에서 죄인 한 사람이 회개하고 돌아오면 이처럼 하늘에서는 대단한 축하연을 하게 됩니다. 이제 저 분들 다음으로 이어지는 순서도 이어서 감상하시고 연극까지 보시게 되면 알게 됩니다."

"하영님. 제가 확인을 해보진 않았지만 스피커나 조명 시설 같은 것들이 전혀 보이질 않는데 어떻게 소리가 저렇게 웅장할 수 있고 아름다운 빛들은 또 어디서 나오는 것인가요?"

"여기서는 뭐든 가능하니까요. 하하하"

"……"

아삽 지휘 아래 기막힌 하모니와 폭발적인 음정으로 온 몸을 떨게 만들 정도의 합창단 찬양이 끝난 후 이번에는 각종 악기를 손에 들은 사람들이 등장했다. 그들도 스무 명쯤 되었으며 통으로 만든 흰 옷에 물고기 무늬가 있는 옷을 걸치고 있었다. 성도는 처음에 합창단들이 다시 악기를 들고 무대 위로 오르는 줄 알았다. 그러나 그들은 이전과 다른 이들 이었다.

무대로 오른 연주단이 오와 열을 널찍한 넓이로 맞추어 서자 지휘봉을 들은 사람이 무대를 올랐다. 그와 악단 사람들이 일제히 성도를 향해 인사를 했다.

"하영님. 저분은 누구신가요?"

"저분은 헤만이라는 분입니다. 저분도 아삽과 동일하게 신령한 노래를 위해 귀하게 사용되셨던 분이랍니다."

"아, 그렇군요! 성경에서 저 분의 이름을 보아서 알고 있어요."

악기연주자들이 들고 있던 악기들은 특이했다. 거의 모든 악기는 성도가 처음 보는 것들이었다. 플루트나 하프, 작은 북 따위들과 닮아 보이긴 했지만 꼭 그것이라고 단정하지는 못할 것 같았다.

그들이 지닌 모든 악기들은 금장 색으로 입혀져 있었다. 덕분에 무대 위는 온통 황금색 물결로 번쩍이고 있었다. 줄이 매여진 악기는 줄 하나하나까지도 모두 황금 줄이었다. 그래서였는지 줄을 튕길 때에는 줄에서 반짝거리는 광채가 여기저기로 흩날렸다. 작은북도 황금막대기로 두들기면 금빛 조각들이 사방으로 튕겨져 나갔다.

그들이 만들어낸 연주는 참으로 황홀했다. 또한 앞선 합창단처럼 백여 개 이상의 악기들이 모여야 낼 수 있는 큰소리를 단지 스무 개의 악기로만 만들어 내고 있었다.

합창단에서는 여러 빛들이 나타나서 감동을 더해 주었는데 이번 연주 때에는 모든 공간에 아름다운 대지와 우주의 모습이 펼쳐져 보여 졌다. 푸르른 창공과 그곳을 자유롭게 날아다니는 여러 날짐승들, 만개한 여러 꽃들, 힘 있게 솟아 오른 푸르른 나무들, 황금물결 같은 넓디넓은 잘 익은 벼이삭들, 거대한 협곡과 폭포, 힘차게 물살을 가르는 거대한 물고기들 넓디넓은 은하수를 가득 채운 여러 모양의 천체들 등등.

"정말 대단합니다. 하영님. 좀 전의 훌륭한 빛들도 감동적이었지만 영사기 설치 없이도 저런 멋진 자연 풍경을 마치 눈앞에서 직접 보는 것처럼 볼 수 있다니요!"

성도는 악기 연주와 실제적인 풍경감상에 넋이 나간 것처럼 입까지 벌린 채로 한참을 멍하니 바라다보고 있었다.

"성도님. 혹시 저들 연주가 끝난 후에 직접 악기 연주를 경험해 보시겠어요?"

"가능한가요?"

"물론이죠. 오늘은 성도님의 날이잖아요."

찬양연주단의 감명 깊은 장엄한 연주가 끝난 후 하영과 성도가 함께 무대 위로 올랐다. 헤만이 성도를 향해 먼저 정중하게 인사를 했다. 곱슬곱슬한 노란 머리카락과 이목구비가 뚜렷한 헤만의 중후함에 잠시 사로잡혔던 성도가 그에게 응수하는 인사조차 잊은 채 멍하니 그의 얼굴만 바라보고 있었다.

한 청년이 자신이 연주하던 우쿠렐레 같은 악기를 성도에게 건네주었다. 성도는 자신이 생각했던 것과 달랐던지 무척이나 가볍다는 말을 그에게 건넸다. 성도는 건네받은 악기의 맨 위의 줄을 조심스럽게 엄지로 살짝 튕겨 보았다. 역시 금가루가 줄에서 떨어져 나갔다.

살짝 튕긴 소리가 크게 들리지 않아서인지 성도는 고개를 갸우뚱했다. 한 번 더 이전보다 힘주어 튕겨보려고 손가락을 가져다 대려는데 살짝 튕겼던 악기의 소리가 점점 메아리치듯 울려 퍼져 나가더니 마침내 홀 전체를 진동시켰다. 이 소리에 성도가 흠칫 놀라워하며 악기를 건네 준 청년에게 물었다.

"아니 어떻게 모든 악기들이 정확히 화음을 맞출 수가 있었던 것이죠? 지금처럼 소리가 나중에 가서 울려 퍼지게 된다면 함께 연주하는 모든 악기들 소리가 마구 엉켜버릴 텐데요?"

"하하하. 그러니까 천상의 연주단원이겠죠!"

곁에 있던 하영이 웃으며 대신 대답을 했다.

관람석 자리로 되돌아온 그들이 나란히 착석을 했다. 보라색 막이 좌우로 서서히 나누어졌다. 고등학교 1학년 성도가 무릎을 꿇고 있는 모습으로 등장했다. 그의 앞에는 검정색 목사가운을 걸친 목사님이 서 있었다.

"제가 세례를 받던 장면이네요."

"그렇습니다. 성도님께서 세례를 받으면서 진심으로 회개를 하였죠. 그때 하늘나라에서는 성대한 잔치가 벌어졌답니다. 좀 전처럼요."

"저 당시 눈물을 얼마나 흘렸는지 몰라요. 콧물까지 흘렸는데 온통 얼굴이 끈적끈적한 물바다로 아주 범벅이 되 버렸죠. 옆 사람들에게 얼마나 민망했던지 몰라요. 눈물이 통 억제가 안 되더라고요. 목사님께서 세례를 베푼 후 곧바로 파노라마 같은 장면이 감고 있는 눈 안에서 보였어요. 필름들이 빠르게 지나쳐갔죠. 모습들을 자세히 분간할 수 없을 정도로 빠르게 지나쳐 갔지만 순간 그것이 무엇인지 저는 알아챘지요. 그것들은 지난 날 나의 모든 죄와 허물이라는 것을요. 그리곤 어떤 느낌이 밀려왔어요. 이 모든 행동들을 하나님께서 낱낱이 다 알고 계신다는 것을요. 갑자기 마음이 쓰렸어요. 곧이어 회개기도가 입에서 자동으로 나왔죠. 주먹을 쥐고 가슴을 얼마나 때렸던지 나중에 가슴이 얼얼하기까지 했어요."

"많이 아프셨죠. 그런데 성도님, 저때 특별한 체험도 하셨죠?"

"그렇습니다. 목사님께서 제 머리에 물을 찍어 성부와 성자와 성령의 이름으로 세례를 주노라 하신 후 그 조금의 물이 머리를 타고 흘러 내렸는데 차가웠던 물이 서서히 뜨거워지기 시작하더라고요. 나중에 그 물은 나의 온 몸을 뜨겁게 달구었어요. 너무 더워서

외투를 벗고 싶을 정도였죠. 그러나 몸에 땀이 나거나 하지는 않았어요."

"그 경험이 어떤 의미를 담고 있는지 그 당시 이해하였었나요?"

"지금은 알고 있지만 그 때는 몰랐어요. 아주 오래 전 오순절 다락방에 임했던 뜨거운 불의 혀처럼 성령께서 나와 함께 계심을 분명하게 알리신 것이었죠. 뜨거움 가운데서 저는 뉘우침의 회개가 계속해서 흘러나왔죠. 다른 한편으로는 행복으로 충만해졌는데 알 수 없는 환희로 기쁨이 넘쳐났어요. 일어나 덩실덩실 춤을 추고 싶을 정도였죠."

무대 위에 있는 고등학생 성도가 펑펑 울부짖었다. 그때 연극무대마당 위쪽에서 금빛과 어우러진 무지개 색이 찬란한 빛줄기로 성도를 향했다. 황홀한 빛의 감동에 빠져 그것을 멍하니 바라보는 성도의 귀에 하영이 입을 바짝 대고 소곤거렸다.

"저 빛은 지극히 거룩하고 높으신 분께서 매우 흡족해하실 때 나타나는 표시랍니다. 특히 회개하는 분들이 있다면 저 감동의 빛이 어김없이 등장한답니다. 저는 개인적으로 저 빛을 무척이나 좋아합니다."

성도와 하영이 한동안 황홀한 빛을 감상했다.

"성도님 이제 다른 장소로 이동해서 관람을 하셔야 합니다. 아쉽긴 하지만 일어서시죠."

2-5. 오아시스

성도하고 하영이 연극무대를 등지고 나란히 돌아 나오는데 보라색 막에 히브리어 글자들이 오른쪽에서 왼쪽으로 천천히 아로새겨지는 것이 보였다. 마치 막에다 정교한 수를 놓는 것과도 같았다. 글자들 의미는 이것이었다.

'하나님은 사랑이시라.'

하지만 성도는 이것을 목격하지 못했다. 하영만이 고개를 돌려 이 장면을 보았지만 성도에게 알려주거나 하진 않았다.

그들이 걸어 나오는 사방에는 관리가 아주 잘 된 푸른 잔디가 넓게 깔려 있었다. 잔디 위로 노란 카펫이 깔린 길을 따라 성도와 하영이 걸었다. 얼마간 걸어간 그들 앞으로 아담한 정원이 등장을 했다.

정원에는 야자수와 무화과나무 그리고 뽕나무도 몇 그루 심겨져 있었고 중앙엔 연못이 있었다. 연못 주위로는 형형색색 아름드리 꽃들이 앙증맞게 키 재기를 하며 자리 잡고 있었다. 연못 안에서는 황금색, 붉은색 물고기들이 자태를 뽐내며 유유히 헤엄쳐 다니고 있었다. 성도는 이곳이 마치 오아시스를 닮았다고 생각했다.

"맞습니다, 여기는 오아시스랍니다."

하영의 별안간 대답에 성도가 깜짝 놀라는 눈치였는데 하영 얼굴을 조심스럽게 올려다보면서 나지막이 말했다.

"하영님이 내 생각을 하나도 빠짐없이 알고 계시니 갑자기 무섭다는 느낌마저 밀려듭니다. 혹여 제가 나쁜 생각이라도 할까봐서요.”

“그렇군요! 놀라게 해드려 송구합니다. 그러나 너무 걱정하진 마세요. 그럴 일은 없겠지만 만에 하나라도 성도님이 불쾌한 생각을 가지게 된다면 다행히도 그것은 제가 전혀 알아 챌 수 없답니다. 성도님의 불쾌한 생각은 지극히 높으신 분만 아시고 계십니다.”

“그럼 천만다행이군요. 신앙을 가지고 있다 하면서도 때때로 원치 않는 생각과 미운 감정까지도 들게 되곤 하거든요. 성격이 급한 탓에 워낙 감정 조절을 잘 못합니다. 뭐 그렇더라도 금방 정정하기는 하지요.”

“성도님. 여기 벤치에 앉아서 잠시 쉬었다 가시죠. 그리고 저쪽 키가 큰 야자수 옆을 보세요.”

성도는 하영이 가리키는 방향을 비라보았다.

“흠, 뭐 기다란 것이 세워져 있네요. 뭐죠?”

“자동판매기랍니다.”

“이곳에 자판기도 있었나요?”

성도와 하영은 자동판매기를 향했다. 마치 사각기둥 같은 자동판매기는 성도 키 두 배는 되어보였다. 성도가 무엇을 고를지 자동판매기 사방을 둘러보며 여기저기 훑어보았다. 그러나 메뉴 선택을 위한 안내 그림이나 문구가 전혀 보이질 않았다. 기다란 자판기에는 단지 정면에 버튼 하나와 무엇이 나오는 출구를 덮고 있는 덮개만 덩그러니 있을 뿐이었다.

“이게 뭐죠? 버튼 하나 밖에는 아무것도 없어요.”

“당연합니다. 이것은 말 그대로 자동판매기이니까요.”

"그것이 무슨……"

"성도님께서 거주하고 있었던 세상에서 사용하는 자동이라는 단어와 여기서의 자동은 의미가 완전히 다릅니다. 이곳에서의 자동은 버튼을 누르는 사람의 취향에 맞추어 음료나 음식이 자동으로 만들어져 나온답니다."

"이것이 그런 것 이었어요? 대박이네요."

"그렇죠. 대박이죠."

"음, 그럼 저는 지금 아포가토가 생각나는데 그것도 되려나요?"

"버튼을 눌러 보시죠."

성도가 자신의 가슴 높이 위치한 자판기 버튼에 검지를 가져다 대었다. 그렇지만 성도가 버튼을 눌렀다는 표현보다는 마치 버튼이 알아서 눌려지는 것처럼 움직였다.

버튼이 눌려 진 뒤 약 8초쯤 지났다. 성도 배꼽 높이만큼 있었던 출구 쪽으로 뭔가가 나왔다는 신호로 잔잔한 알람이 울려왔다. 성도가 허리를 약간 수그려 출구덮개를 슬며시 앞으로 열어 보았다. 그곳에는 하얀 아이스크림 위에 에스프레소 커피와 땅콩 가루가 약간 흩뿌려진 아포가토 두 개와 빨간 사파이어가 끝부분에 박힌 황금색 티스푼 두 개가 가지런히 놓여있었다.

"혹시 자판기 안에 사람이 있나요?"

성도가 출구 안을 이리저리 들여다보면서 하영에게 물었다.

"그 안에는 아무도 없습니다. 이것은 지극히 거룩하신 분과 직접 연결되어 있어서 지극히 거룩하신 분께서 지정하는 것들을 그 즉시로 만들어 낸답니다."

"대단하군요!"

성도의 조그만 눈이 휘둥그레졌다.

"지극히 거룩하신 분은 사람들의 마음과 생각뿐만 아니라 취향까지도 이미 잘 알고 계셔서 언제든지 준비를 해 놓고 계십니다. 그리고 그들이 버튼을 누르듯 기도를 시작하게 되는 때에는 그것조차도 지금 이 아포가토처럼 곧바로 시행이 되죠."

"그런데 하영님. 하영님의 지금 말씀과는 다르게 어떤 경우의 기도는 시간이 무척이나 오래 걸리는 경우도 있더라고요"

"그렇습니다. 하지만 결재만큼은 즉시로 된답니다. 다만 그것이 사람들에게 도착하기까지 간혹 딜레이가 되곤 하죠. 다니엘의 기도를 예로 들어보죠. 그의 기도에 대한 하늘의 응답은 바로 되어졌지만 더러운 영들이 그것을 가로막는 바람에 그에게 도착하기까지 다소 늦었던 때가 있었죠."

"저는 이 부분이 잘 이해가 안 되었어요. 하나님은 사탄보다도 월등하게 힘이 강하신데 사탄의 방해공작 따위가 어떻게 하나님의 역사를 가로막을 수 있다는 것인지......?"

"그것은 지극히 높으신 분의 섭리라서 저희도 무엇이라고 단정지어 말씀을 못 드립니다. 다만 제가 확신으로 전해드릴 수 있는 말씀은 신자들의 간절한 기도는 반드시 이루어진다는 것입니다. 또한 다소 시일이 걸려 역사가 이루어지는 것에는 합당하고 분명한 이유가 존재한다는 점도 아울러 말씀드릴 수 있습니다. 여기서 이유들은 다양하답니다. 그러나 택함을 받은 모든 이들에게는 모든 것이 합력하여 선을 이루게 된다는 성경의 약속대로 종래에는 기도의 조각퍼즐들이 멋진 완성작품을 이루게 되죠."

"아멘, 맞습니다. 생각해보니 저는 그랬던 것 같아요. 이루어져야 하는 날짜를 맘대로 정해 놓았을 뿐만 아니라 간구하는 모든 것이 내가 원했던 그대로 이루어져야 한다고 단정해버렸어요. 어찌 보면 제가 주인이고 하나님께서 종이 되는 현상처럼 말입니다. 그러다가 기도대로 이루어지지 않기라도 하면 실망에 빠졌고 괜히 짜증을 부리기까지도 했던 것 같아요."

성도는 고개를 숙인 채로 이리저리 머리를 저어보았다.

"너무 자책마세요. 성도님. 이런 경우에서 훌륭한 예로 설명할 수 있는 분이 있다면 조지 뮬러 목사님이실 것입니다. 언젠가 그분도 여기를 방문했던 적이 있었습니다."

"예엣! 그분께서 여기를요?"

"그렇습니다. 그분은 위로라는 주제로 박람회가 열렸을 때 방문하셨죠. 저도 그분을 뵙곤 적잖이 놀랐습니다. 지극히 높으신 분을 가까이서 섬기고 있는 저보다도 그분은 더한 지극정성으로 지극히 높으신 분을 섬기고 계셨어요. 특히 뮬러 목사님은 기도에 진심이었는데 아예 그것에 목숨을 걸었다는 표현이 더 적절할 듯싶군요.

웬만한 분들은 포기할 만도 한 것을 그분은 크던지 작던지 시간이 흐르던지 아니던지 사사건건 모든 것을 끈질기게 기도로 해결하셨죠. 그리고 더욱 주목할 만한 것이 있는데 뮬러 목사님은 무엇을 구하기 이전에 지극히 거룩하시고 높으신 분의 뜻에 따라 모든 것이 이루어지기를 항상 우선적으로 구하셨답니다.

그분 덕분에 우리들도 무척이나 바쁘게 움직였죠. 그분은 자기 생각을 통 안 하시는 분이셨어요. 오직 모든 것을 지극히 높으신 분께만 맡겼죠. 그분 삶의 절반은 아마도 기도하는 시간이었다고 해도 무리가 아닐 것입니다. 그래서일지는 모르지만 그분의 기도 응답은 족히 수 만 번에 달할 정도입니다."

"예, 맞습니다. 저도 그분 전기가 기록된 책을 이미 접해봐서 잘 알고 있습니다. 대단하신 분이죠!"

2-6. 나바울

　두 사람이 아포가토를 떠먹으며 도란도란 이야기꽃을 피우고 있을 때였다. 성도와 하영이 오아시스로 들어왔던 길로 깔끔한 정장 차림의 한 노신사가 들어서고 있는 것을 연못 건너편에 앉아있던 성도가 발견했다. 노신사의 머리카락은 마치 하얀 염색약으로 물들인 것처럼 완전한 백발이었다. 노신사에 이어 그의 안내자로 보이는 사람도 바로 뒤따라 오아시스로 들어왔다.

　그들은 오아시스로 발을 들이자마자 자판기로 향했다. 성도가 그랬던 것처럼 신기한 경험에 다소 놀란 탓인지 흰 머리 노신사 얼굴에는 상기된 표정이 역력했다. 그들 손에는 김이 모락모락 피어오르는 꽃무늬 찻잔이 들려져 있었는데 성도와 하영이 앉아있던 벤치에서 한 칸 떨어진 벤치에 가서 앉았다.

　자판기에서 꺼내 온 인삼차가 조금은 뜨거웠던지 입김을 솔솔 불어 가며 조심스럽게 차를 들이키고 있는 노신사를 성도는 그가 눈치 채지 못할 만큼 주의하면서 연실 힐끔거렸다. 성도는 조만치 떨어져 앉아있는 노신사가 낯이 익은 것 같은데 도통 생각이 나지 않아 어떻게든 기억을 끄집어내고 있는 눈치였다. 이때 하영이 성도의 생각을 알아채곤 성도 귀에 대고 소곤거렸다.

　"저분은 텔레비전에 자주 나와서 설교하시는 서울 모처의 큰 교회 목사님이십니다. 나바울 목사님이시죠."

　"맞아요. 어디서 많이 뵌 분인데 통 기억이 떠오르질 않았어요."

　"안녕하세요. 목사님. 저는 하성도라고 합니다."

성도가 이내 자리에서 벌떡 일어나 나 목사를 향해 고개를 깊이 숙여 예를 갖춘 인사를 했다. 이에 나 목사도 찻잔을 살며시 내려 놓고 일어나 성도처럼 허리를 접어 공손한 인사로 응수했다.

"반갑습니다. 하성도님. 뵙게 되어 영광입니다."

"무슨 그런 말씀을요 목사님. 그건 제가 드릴 말씀입니다. 저는 목사님을 텔레비전에서만 보아 왔거든요. 이렇게 실물로 뵙게 된 것이 꿈만 같습니다."

"하하하. 그렇습니까! 그런데 어떡하죠. 성도님께서 실망하실지 모르겠지만 이젠 텔레비전에서 저를 못 보실 것 같습니다. 아쉽지만 오늘 이후로 더 이상 출연하지 않을 결심을 하고 있었답니다."

성도가 적잖이 놀란 표정을 지었다.

"조금 놀라셨군요!"

"예, 목사님. 개인적으로 목사님의 설교에 은혜를 참 많이 받았습니다. 그런데 이제 못 듣게 된다니요? 혹시 그렇게 결정하신 이유를 묻는다면 큰 실례가 될까요. 목사님?"

나 목사는 자신을 안내하는 사람의 얼굴을 보고 난 후 성도 안내자의 얼굴을 번갈아 바라보았다.

"시간은 충분합니다. 목사님."

하영은 무언의 질문과 같은 동작에 미소 띤 얼굴로 나바울 목사에게 대답했다.

"제가 목회한지가 어느덧 올해로 만 40년입니다. 저와 제 사모 그리고 어린 아들하나로 개척을 시작해서 어느덧 출석 성도가 2만 명을 훌쩍 넘었으니 누가 봐도 성공적인 목회라는 데에 이견을 달지 않을 것입니다. 교회 건물도 한국에서 열 손가락에 들어갈 만한 규모로 완공을 이루었고요. 또 텔레비전을 통해서는 수많은 불신자나 태신자들이 신앙고백을 하며 세례까지 받을 수 있도록 영향을 끼치는 일에도 적잖이 기여했습니다. 교계에서는 교단 총회장과 기독교 단체의 회장으로 활동도 했던 터라 대한민국 교계 목사님들이나 기독교 신자들까지라도 제 이름 석자를 아시는 분이 꽤나 될 것입니다."

이쯤에서 나 목사가 숨을 고르려는 듯 잠시 말을 멈추더니 뜬금없이 성도를 향해 질문을 던졌다.

"성도님, 혹시 천국에서는 어떤 이들이 큰 상을 받을 것이라고 생각하십니까?"

성도가 나 목사의 기습적인 질문에 잠시 시간을 끌더니 조심스레 입을 열었다.

"저의 짧은 소견입니다만 순교자들 아닐까 생각합니다. 그 뒤로 험지에서 고생하시는 선교사님들 그리고 아무래도 기독교에 큰 성과를 이루신 분들 아닐까 생각합니다."

나바울 목사의 야물게 다물어진 입술이 앞으로 조금 더 내밀어졌다. 그리곤 고개를 아래위로 살짝 끄덕였다. 아무 말 않고 무언가 생각을 하는 것 같던 나바울 목사가 성도를 바라보았는데 눈을 좀 더 크게 만들어 보인 후에 엷은 미소를 띠고선 입을 열었다.

"대부분의 신앙인들이라면 그런 생각을 가지고 있음은 지극히 당연합니다. 저 역시도 여기 오기 전까지는 그랬죠. 허나 지금은 입장이 달라졌답니다."

성노는 자신의 예상 밖 답변이라는 생각이 들었던지 고개를 갸웃거렸다.

"우리가 이 땅에서 믿음을 가지고 열심히 하나님의 일에 수고한 점에 대해서는 하나님께서 충분히 당신의 나라에서 보상을 해주시리라고 믿어 의심하지 않습니다. 하지만 그것은 전적으로 하나님만의 고유적인 결정이 되어야지 결코 우리의 요구가 그대로 반영될 수 없다는 것을 재인식하게 되었답니다.

왜냐하면 우리가 이 땅에서 온 정성과 힘을 다해 수고하게 되는 근본적인 이유나 또는 그렇게 일할 수 있었던 과정들 그리고 결과까지라도 사실은 우리의 의지라기보다 하나님의 일방적인 역사로 간주하는 것이 옳다고 봅니다.

저는 이곳에 와서 그것을 확실히 알게 되었답니다. 물론 이전에 이 사실을 모르고 있었던 것도 아니었습니다. 다만 무엇인가로부터 영향을 받은 탓에 까맣게 잊고 있었던 것이지요. 하나님의 우선적인 역사에 관한 내용이 매우 중요함에도 불구하고 저를 비롯해서 많은 기독교인들이 이 점을 상당히 소홀히 여기고 있다는 것을 여기서 다시 배우게 되었답니다."

"잘 이해가 안 됩니다. 목사님. 성경은 우리가 믿음으로 이 땅에서 열심히 수고한 점에 대해서 충분한 보상을 약속하고 있고 몇 가지 면류관까지도 거론되면서 우리의 기대를 가일층 부풀게 해주는 것으로 알고 있습니다. 그리고 신학교에서도 그렇게 들었던 기억이 있습니다."

"아! 신학생이셨군요. 옳습니다. 성도 전도사님. 성경을 잘 숙지

하고 계시군요. 그러나 제 말에 오해는 마세요. 그것에 대한 충분한 설명을 지금부터 해드리겠습니다. 성도님! 이 땅의 신자들이 후에 하늘에서 받게 될 상을 소망하는 것이 그릇된 신앙자세라고 말하려는 것은 절대 아닙니다. 단지 주의해야 할 점이 있는데 상급에만 너무 치중된 나머지 공로의식에 빠지게 되고 더군다나 그것으로 하나님과 거래를 시도하려 한다든지 자신을 넘어 타인의 신앙까지라도 그것으로 평가하려 한다는 것이 치명적 실수라는 것입니다.”

“예, 저도 그 점에 대해서는 동의합니다. 목사님.”

“저의 경험을 통해 조금 더 설명을 드리겠습니다.”

성도는 손에 들었던 아포가토를 내려놓았다. 나 목사의 말을 경청하려고 나바울 목사가 앉아있는 바로 옆 벤치로 자리를 옮겨 앉았다.

“성도님, 저에게 어머니가 두 분 계신다는 사실을 모르셨죠?”

“예? 아, 예에. 처음 듣습니다.”

성도가 적잖이 놀란 모습을 지었다.

“저에게는 저를 낳아주신 분과 길러주신 분 이렇게 두 분의 어머니가 계십니다. 제가 이 땅에 태어날 때 위로 5남매가 있었고 아버지는 그 이듬해에 돌아가셨죠. 경제적으로 양육에 부담이 되셨던 어머니는 저를 고아원에 위탁하셨어요. 저는 그곳에서 새로운 어머니를 만나게 되었답니다.”

잠시 말을 중단한 틈을 타 성도가 나 목사에게 물었다.

“아! 그러셨군요. 그런데 목사님. 제가 그간 목사님께서 숨기셨던 사생활을 일게 되어도 괜찮을 런지요?"

"전혀 문제없습니다. 이제 숨겨야 될 하등의 이유가 없습니다. 아기 때 저를 입양하신 어머니는 소천하시기 전까지도 저를 끔찍이 사랑하셨어요. 저의 입양 어머니는 세상 어머니들 사랑이 그렇듯이 당신 먹고 싶은 것, 입고 싶은 것, 가지고 싶은 것들을 다 포기하시고 돌보신 헌신의 사랑이었죠. 입양 어머니 역시 홀로 지내셨어요. 그러나 그분은 나를 자기가 낳은 친자식처럼 여겼고 당신의 몸과 영혼을 다해 사랑해주셨어요. 여기 와서 그것을 확인하고 나니 더욱 어머니가 그리워집니다."

자신의 입양 어머니 예기를 꺼내던 나 목사의 두 눈에서 눈물이 주룩 흘러 내렸다. 그는 목까지 메이던지 하던 말을 잠시 멈추었다. 성도도 자신의 어머니가 생각났는지 눈물방울이 눈가에서 곧 떨어질 듯해보였다. 나 목사가 다시 말을 이어갔다.

"나를 낳은 어머니도 나를 포기했건만 속으로 낳지도 않은 나를 위해 자신의 모든 삶을 하찮게 여기신 이유가 뭔지를 지금 이곳에 와 앉을 때까지도 계속 헤아려 보았어요. 그것은 바로 다함이 없고 끝도 알 수 없는 사랑이라는 말 밖에는 달리 표현할 방법이 없더군요. 그분은 가슴으로 나를 낳았고 진정으로 나를 아들로 받아들이셨던 것이었지요. 나는 비록 입양아 신분이었지만 나는 그분의 원래 아들과 같은 셈이었던 것이에요. 그런데 나는 내가 입양의 신분이라는 것을 어머니가 소천 하신 후에야 알게 되었답니다."

"실례하지만 어떻게?"

"제가 TV방송을 통해 유명세를 타기 시작하면서 얼굴이 세상에 알려졌잖습니까! 저를 낳아주신 어머니의 형제 중 한 분이 어느 날 저를 찾아왔어요. 그날 그 분이 모든 것을 제게 알려주었어요."

"그럼 목사님의 친 어머니도 만나 뵈셨나요?"

"애석하게도 그 어머니 역시 이미 하늘나라로 가셨더군요. 성도님. 제가 말하려는 강조점은 이것이랍니다. 길러주신 어머니의 지극한 사랑 말입니다. 그 사랑을 저는 너무나 잘 알고 있어요. 그래서 제가 어머니를 사랑하는 유일한 이유가 됩니다. 그리고 지금은 불가능한 일이겠지만 만일 내 목숨을 내어 드리고 대신 그분을 살릴 수 있다면 전 그렇게까지 라도 하고 싶습니다. 이유가 뭔지는 성도님도 잘 알고 계시겠죠? 내가 어머니를 너무나 사랑하기 때문이죠. 그리고 그것은 어머니께서 제게 베푸신 헌신적인 은혜에 대한 아주 조그만 성의일 것입니다."

"그렇습니다. 목사님. 저도 어머니의 사랑을 누구보다 잘 알고 있습니다. 저도 그 사랑으로 인해 지금 살아 있는 것이고 목회자의 길까지도 걸을 수 있었던 이유이기도 합니다."

"아, 그렇습니까? 저하고 비슷한 경험을 하셨군요. 그럼 제 말에 대한 이해가 빠르시겠네요. 하나님께 순종할 수 있는 원인 말입니다. 하나님께서 베풀어 주신 은혜를 깨달은 후 하나님을 사랑하게 되는 사람들은 그것이 사적인 치적이나 받을 상을 받기 위한 것이 아니라는 것을요. 독생자까지라도 아끼지 않고 너무나도 각별한 사랑을 베풀어 주셨던 그 은혜의 특별함을 위해서 우리도 전심전력으로 그분을 사랑하지 않을 수가 없는 것이죠."

"목사님의 말씀을 듣고 있자니 너무 부끄러워집니다. 제가 예수님을 섬길 수 있었던 원인이 은혜로 말미암은 것임에도 불구하고 더군다나 뭐하나 자랑스럽게 내 놓을 만큼 이룬 것도 없으면서 매일같이 기도로 생떼만 썼습니다. 한편으로는 하나님을 끔찍하게 사랑하고 있는 나를 하나님께서 사용하지 않는다면 하나님께서 손해를 보실 것이라고 우쭐대기까지 하면서 하나님과 암묵적으로 거래를 하려고도 했었습니다."

성도가 한숨을 내쉬며 고개를 푹 숙였다.

"성도님, 그것은 저 또한도 마찬가지랍니다. 저도 부끄럽지만 고백할 것이 있습니다. 제가 잠시 동안 오해하던 것이기도 합니다. 교회가 엄청난 성장을 막 시작하던 때에 병 고침의 권능, 능력의 말씀, 즉각적인 응답의 기도, 행정적 지혜들이 내가 하나님을 잘 섬긴 결과로 받게 된 은사들이라고 내심 은근히 자랑스럽게 여기고 있었지요.

그런데 그것이 나중에는 자부를 넘어 남다른 기질이라고까지 내 자신을 높였답니다. 이런 것을 기초로 해서 행해진 나의 판단은 크나큰 문제들을 야기 시켰답니다. 하나님의 복음전파와 그분이 받으실 영광을 위해 효율적인 방법으로 사용되도록 내려주신 은사들을 나는 마치 내 손의 요술지팡이처럼 내가 원하고 맘먹은 대로 좌우지 할 수 있는 개인적인 능력으로 여기고 있었던 것이었어요.

저는 나에게 선물로 주신 위대한 은사를 사용하는 목적이 하나님의 영광을 위한 것이었음을 지식적으로 잘 알고 있었어요. 그러나 말 그대로 그것은 지식으로 고착되어버렸죠. 들려오는 환호소리에 나는 그만 세상 영광에 푹 빠져 버렸던 것이었어요.

헌데 더 나아가 목회적으로 치명적인 실수를 범했답니다. 내가 받게 될 공로를 계산하는 것이 문제의 발단이었어요. 내가 받게 될 공로계산을 신자들에게도 똑같은 방식으로 적용을 시켰다는 점입니다. 공로계산의 문제점은 인간의 노력여부죠. 저는 하나님께서 우리에게 베풀어주신 은혜 자체를 앞세우기보다는 은혜를 받기위해서 우리가 무엇을 해야 하는지에 더욱 강조를 두게 되었답니다. 신자들이 쉽게 은혜 안에서 누릴 수 있는 영광스런 즐거움을 제가 어렵게 획득하도록 만들어 버렸던 것입니다. 성령님은 하나님께서 영광을 받으시도록 나를 영광스런 자리로 올려놓으셨는데 세상 영광에 취해버린 나는 하나님의 은혜를 마치 내 수고와 노력에 의해 쟁취한 것으로 여겼던 것이었죠. 그래서 우리는 누군가가 나를 보며 대단하다고 말할 때 우리는 특히 조심해야 합니다."

나 목사는 다시 눈물을 흘리며 잠시 말을 멈추었다. 그 틈을 타 성도가 말문을 열었다.

"신자들에게 최선을 다하게 하려는 동기부여로 행동할 것을 강조하는 것이 틀린 것만은 아니라고 감히 생각해 봅니다. 저 또한도 목사님의 설교를 듣고서는 도전적으로 마음을 다잡으려 했던 적이 있었습니다."

"그랬군요. 하지만 신자들은 하나님의 로봇이 아니랍니다. 하나님은 우리에게 자유의지를 주셨어요. 하나님은 우리의 선택과 행동양식을 존중하십니다. 대표적인 성경의 예가 에발산과 그리심산을 비유로 선택하게 하신 것을 보면 그렇습니다. 안타깝게도 그릇된 의지의 사용은 지옥 형벌이죠. 최선을 다해 신앙을 부여잡으려 하는 신자의 의지가 매우 필요합니다. 하지만 의지나 최선의 마음까지라도 하나님의 은혜가 선행되지 않는다면 신앙을 선택하기란 사실 거의 불가능합니다. 어느 누구라도 살기에 부적합한 광야의 척박한 삶보다는 종살이일지라도 이집트에서의 풍요를 더 좋은 것으로 생각하기 마련이죠.

그러므로 전하는 자가 우선순위에 두어야 할 목회의 목적은 이것이라고 감히 말씀드리고자 합니다. 목회의 목적은 하나님께서 베푸신 은혜를 신자들이 깨닫는 것에 중점을 두어 주력하라는 것입니다. 만약 그것이 성공적이라면 이후 신자는 스스로 자신의 신앙을 보존하고 성장시킬 수 있는 성숙한 신앙인으로 성장할 것입니다. 허나 이것이 말처럼 쉬운 것은 아닙니다. 우리의 최대 약점인 고난 중에서 하나님의 은혜를 인정한다는 것은 참으로 쉽지 않은 문제이기 때문입니다.

하지만 그럼에도 불구하고 제가 목회의 우선순위를 하나님의 은혜를 깨닫게 함이라고 확신으로 말씀을 드릴 수 있는 것은 제가 그동안 누렸던 하나님의 은혜를 여기 와서 목격한 뒤 새롭게 마음을 다잡은 결과이기 때문입니다. 이전의 저 뿐만 아니라 많은 목회자들은 대게 훈련이라는 미명하에 신자들을 습관화시키는 것에 애를 쓰곤 합니다. 저 또한도 제자 육성이다, 신자의 성숙이다 하면서 율법적인 신앙으로 신자들을 옭아매고 있었죠. 그들은 하나님의 은혜 안에서 자유를 누릴 권리가 있는데도 말이죠."

나 목사는 목이 말랐는지 자신의 안내자에게 물을 부탁했다. 나 목사의 안내자는 성도에게도 물어왔는데 성도는 자리에서 일어나 허리를 숙여 감사하다는 표현을 전했고 나 목사와 나이가 비슷해 보이던 안내자는 자판기로 가서 생수를 가져왔다. 네 사람 모두 생수로 목을 축였다. 다시 나 목사가 말을 이어갔다.

"나의 40년 목회에서는 위기의 때가 몇 번 있었죠. 그 중 가장 잊지 못할 사건이 있는데 이단들이 몰래 교회로 침투해 들어와 교회를 쑥대밭으로 만들어 놓았을 때랍니다. 개척 후 채 3년이 지나지 않았던 때라 더욱 잊혀 지지 않아요. 그때 급격한 성장을 이룰 때였어요. 출석성도들이 백여 명 정도 되었을 겁니다. 각기 다른 두 이단들이 차례로 흔들었어요. 결과적으로 열 명만 남곤 다 교회를 떠나갔죠. 나와 나의 가족 세 명을 제외하고 일곱 명, 즉 세 가족만 덩그러니 남게 되었답니다.

그때 나는 목회를 포기하고 고향으로 돌아가려고 했어요. 목회가 체질적으로 맞지 않는다고 여겼고 소명의식도 스스로 거부하고 있었죠. 이런저런 생각으로 드디어 목회 포기결정을 내렸던 그날 밤 꿈을 꾸었답니다. 처음 보는 큰 교회 강단이었는데 내가 그곳에서 설교를 하고 있더군요. 교회는 빈자리가 없을 만큼 꽉 들어찼는데 족히 수천 명은 되었던 것 같았어요. 꿈은 너무나 생생했죠. 강단에 세워진 화분의 나무들과 그것들의 위치, 교회 장의자의 배치, 강대상의 모습, 찬양대의 풍경 등. 현재의 교회가 그 당시 꿈에서 본 그대로를 거의 재현한 것이랍니다."

나 목사가 살짝 입 꼬리를 올려 보이며 말을 멈추자 성도가 곧바로 나 목사의 말에 응수를 했다.

"예, 저도 텔레비전에서 보았습니다. 볼 때마다 멋진 인테리어라고 항상 감탄하고는 했습니다. 강단의 나무가 이 야자수와 비슷하게 생긴 것 같았습니다."

"맞습니다. 세밀하게 보셨군요. 종려나무랍니다. 제가 그 꿈을 꾼 다음날 이었어요. 강단에 엎드려 기도를 하고 있을 때였는데 조금 전 연극장에서 다시 듣기는 했지만 굵은 음성이 나의 두 귀에 똑똑히 들려왔어요. '내가 너를 들어 쓰리라'라는 말씀이었죠. 그 말씀이 들려오는데 나의 가슴이 뜨겁게 달구어졌죠. 이후 나는 마음을 정돈하고 다시 목회에 전념을 했어요. 굳이 전도를 하지 않았는데도 사람들이 구름 떼처럼 교회로 몰려오더군요. 후에 이단이 또 설쳤지만 그때에는 오히려 교인들이 앞장서서 그들을 몰아내더군요. 결국 지금까지의 교회 성장 결과를 되돌아보니 내가 했던 일이란 단지 하나님의 뜻에 귀 기울인 것 외에는 달리 없었고 다 성령님께서 이루어 놓으신 결과였답니다.

성령님께서는 또한 제가 강단에서 기도할 때 받았던 소망의 음성을 계속적으로 상기시켜주셨죠. 또한 부흥의 꿈도 잊지 않도록 해주셨답니다. 힘들어 지치거나 또는 화가 나기라도 하는 날 강단에 엎드려 있노라면 소망의 음성이 정말 생생하게 다시 들려오곤 했어요. 이어 다시 한 번 일어나자는 용기가 불끈 솟아났죠."

"저 목사님. 방금 말씀하신 성령님께서 역사하시던 구체적인 방법이 매우 궁금합니다."

"아, 그런 가요! 성령님은 신자에게 감화와 감동으로 역사하시는 놀라운 재능을 지니셨답니다. 제가 성경을 마주 대할 때면 아주 특별한 감동을 주시곤 하셨는데 나에게 약속된 말씀과 비슷한 내용이 등장하기라도 하게 되면 코끝을 찡하게 하시며 가슴마저 울렁이게 하신답니다. 기도를 할 때에는 확신으로 가슴이 벅차올라오는 감동을 주시는데 눈물과 콧물이 흘러 바지를 적셨던 날이 수도 없었어요. 성령님은 평화이십니다. 그분이 곁에 계셔서 감동을 주게 되면 마음의 평화와 안정이 물밀 듯 밀려들어 온답니다."

"아멘. 역시 우리 하나님은 너무나 멋진 분이십니다. 할렐루야."

네 사람 모두 손을 쳐들고 박수를 쳤다. 성도는 자리에서 일어나 손바닥이 떨어져 나갈 정도로 힘찬 박수를 쳐댔다. 잠시 후 나 목사가 성도를 향해 나지막한 음성으로 질문을 했다.

"성도님. 혹시 이런 표현을 들어 보신 기억이 있으신지요? 신성한 의무 말입니다."

"신성한 의무라고 하셨나요? 의무라면 교회에서라기보다는 이 세상에서 주로 사용하는 표현으로 알고 있습니다."

"그렇죠. 헌법에서 국방이나 납세 등 의무를 다하는 것에 대해 그런 표현을 쓰곤 합니다. 흠. 그럼 표현을 달리 해 보겠습니다. 자발적 의무로요. 신자가 하나님의 은혜를 체험하거나 깊이 깨달아 은혜를 알게 된 후에 신자에게는 자발적 의무라는 인격의 변화가 생겨난답니다. 성경은 이것을 달리 성령으로 충만해짐이라고 알려 준답니다.

겁쟁이 베드로가 은혜를 깊이 깨달은 후 담대한 복음 전도자가 되었지요. 즉 자발적으로 복음 전도의 의무를 기꺼이 수용해서 이전과는 다르게 신앙을 위해서라면 자신의 목숨 따위는 아까워하지 않게 되었답니다. 물론 사도 바울도 그랬죠. 그들은 신성한 의무를 자기들의 숙명으로 받아들였어요. 그런데 그들은 하늘의 상을 위해서라기보다는 하늘의 부름에 더욱 기뻐했죠. 그들에게서 가장 통쾌한 즐거움은 그들이 후에 받을 면류관의 환희보다 그들이 온 천지만물의 주인 되시는 하나님의 손에 붙들린 자라는 것이었어요. 그들은 하나님의 은혜를 입어 하나님의 편지가 된 것을 그리고 하나님의 빛과 소금으로 쓰임 받게 된 것을 매우 자랑스럽게 여겼죠. 그래서 그들에게서 가장 크고 유일한 자랑은 오직 십자가였다고 말했던 것입니다.

이제 저 역시도 십자가 외에는 달리 자랑할 것이 없는 사람이 되기로 마음을 고쳐먹고 다짐까지 했답니다. 내가 사람을 변화시키는 것이 아니라 예수님, 성령님께서 변화를 시키시는 원인이죠. 저는 눈먼 신자들에게 그들이 신앙을 가질 수 있도록 씨를 뿌릴 것이고 자라날 수 있도록 물을 줄 것입니다. 사랑하고 기도하면서 겸손히 그들을 섬기려고 합니다. 그래서 나와 그들 모두 하나님의 은혜를 선물로 받은 자로서의 신성한 의무를 자발적으로 실천하는 삶이 되려고 합니다."

잠시 침묵의 시간이 흘렀다. 네 사람 모두 입과 눈이 닫혀 있었다. 그들 모두는 하나님께서 베푸신 은혜에 대해 묵상하는 시간을 가지는 것처럼 보였다.

얼마간의 고요의 시간이 흐른 뒤에 나 목사는 마지막 관람 코스를 가야겠다며 자리에서 일어났다. 동시에 자리에서 일어난 성도가 나 목사를 향해 반듯하게 고개 숙여 인사를 하는데 배에서 꼬르륵 소리가 들렸다.

나 목사의 뒷모습이 완전히 자취를 감추자 성도는 자동판매기로 갔다. 버튼에 손가락을 가져다 대고는 속으로 숫자를 세었다.

'일, 이, 삼, 사, 오, 육, 칠'

다음 숫자를 세려는데 알람이 울렸다. 성도가 출구 덮개를 조심스레 들어올렸다. 김이 어른어른 피어나는 자장면 두 그릇과 금 젓가락 두 쌍이 가지런히 놓여 있었다. 성도가 자장면을 들고 본래의 자리로 가져와 그것을 가만히 내려다보며 잠시 생각에 잠겼다. 성도의 자장면에는 오이 몇 조각과 참깨마저 흩뿌려 있었다.

'상상한 것이 현실이 된다. 그럼 하나님께서는 미래에 내가 무엇을 하려는 지를 이미 알고 계시는 것일까? 아니면 아예 내가 상상할 것까지라도 내 머리에 넣어 주시는 것일까? 그렇지 않고서야 즉시로 떠오르는 나만이 가진 비밀을 어떻게 꿰뚫고 계신다는 것이지! 하지만 더 신기한 것은 이것만이 아니다. 하나님께서는 나의 취향과 선호까지도 정확히 꿰고 계시다는 점이다. 이곳의 음식들이 유별나게 맛있는 것은 음식 자체의 뛰어난 맛 일수도 있겠지만 오히려 평소 내 식성이나 입맛과 딱 맞아떨어지는 까닭에 더욱 맛이 난다!

그렇군. 이 모든 것은 오직 은혜 외에는 달리 설명할 방법이 없어. 앞서 행하시는 하나님. 즉 하나님은 미래이시고 나는 과거이기 때문에 하나님은 내가 취할 행위를 모두 알고 계시지. 하나님의 은혜는 바로 여기서 작동이 되는 것이구나! 앞선 나 목사님의 모든 말씀도 결국 이것을 말씀하시려는 것이었어.

내 앞에 놓여 있는 이 자장면이 비록 일상적인 삶 같을지라도 이 시간 나에게 만큼은 놀랍고 경이로운 또 다른 신앙경험을 주는 귀한 선물이야. 이 특별한 자장면은 하나님께서 언제 어디든 나와 함께 계실 뿐만 아니라 나를 나보다도 더 잘 알고계시고 특히 나를 사랑하고 계시다는 사실을 알게 하시는 하나님의 기막힌 섭리였어. 역시 하나님의 은혜가 내 생애 최고의 선물이지......!'

하영이 성도를 물끄러미 바라보더니 눈웃음을 살짝 지어보였다.

2-7. DREAM LAND

앞서 걷는 안내자 하영이 오아시스 경계 나무들을 벗어나자 두 사람이 나란히 걸을 만한 오솔길이 나타났다. 오솔길 옆으로는 성도 키의 두 배 정도인 종려나무들이 줄지어 서 있었다. 성도는 하영보다 한 발자국 뒤 떨어져서 걷고 있었는데 문득 어떤 생각이 떠올랐던지 찬송가를 크게 불러대기 시작했다.

"호산나 호산나 호산나 높은 곳에서 호산나 호산나 호산나 높은 곳에서 주의 이름 높여 다 찬양하라 귀하신 주 나의 하나님 호산나 높이 외치세~"

성도는 연거푸 세 번을 연속으로 불러댔고 찬양을 마치자 하영은 박수를 쳐주었다.

"성도님. 찬양을 아주 잘 하시네요. 박자와 음정이 비교적 정확해요. 그런데 호산나가 무슨 뜻인지도 잘 아시죠?"

"음, 마태복음에 기록되어 있는데... 음 뭐였더라? 저 종려나무를 보니 호산나가 생각나서 찬양을 하기는 했는데……"

"하하하, 호산나는 시편 118편 25절 구절이 합당한 해석 구절일 것입니다. '여호와여 구하오니 구원하여 주시옵소서'라는 의미를 가진답니다."

"아 그런 뜻이었군요. 호산나 다윗의 자손이여하고 기록되어 있어서 저는 메시아의 다른 호칭인 줄로 알고 있었어요."

"물론 그것도 전혀 틀리다고는 할 수 없습니다. 메시아는 장래의 구원자라는 의미를 가지기 때문이죠."

"감사합니다."

성도의 시선이 기다란 종려나무 끝을 향하더니 이에 더 지나쳐 박람회장 꼭대기까지 다다랐다. 박람회장의 지붕이 보이질 않았다. 마치 외부에 나와 있는 듯 푸르른 창공에 다양한 모양을 띠고 있는 흰 솜털 구름들이 둥실둥실 떠 있는 것이 보였다. 이것을 본 성도가 하영에게 물었다.

"하영님. 이곳은 실내일 텐데 하늘도 있고 구름들도 떠 있어요?"

"그렇군요. 그렇지만 저 구름들은 진짜 구름이랍니다."

하영도 하늘을 올려다보며 대답했다.

"진짜가 여기에 있을 수도 있나요? 여기는 실내인데……"

성도가 구름을 쳐다보며 말하는데 도저히 못 믿겠다는 말투였다.

"성도님. 여기서는 안 되는 것이랑은 없답니다."

"그럼 저 구름들은 혹시 마술 아님 특수 장치효과 뭐 그런 것인가요?"

"지극히 높고 거룩하신 분은 마술을 사용하지 않습니다. 비록 이곳이 실내이지만 구름을 공중에 띠우는 것은 그리 어려운 일도 아니랍니다. 오래 전 전능하신 어린 양은 성난 파도를 향해 잠잠할 것을 명령하였고 즉시로 파도가 그대로 순종하였죠. 그리고 물고기 두 마리와 떡 조각 다섯 개로"

그때 성도가 하영의 말을 가로챘다.

"무려 오천 명이 넘는 사람들을 배불리 먹이셨을 뿐만 아니라 열 두 바구니에 넘쳐나도록 남기기까지 했다는 것은 알고 있어요."

"맞습니다. 지극히 거룩하시고 높으신 분은 태초부터 지금까지도 쉬지 않으시고 창조의 작업을 계속하고 계신답니다."

"흠, 그럼 저것들도 창조라는 말씀이시군요."

그들이 구름을 주제로 대화를 나누며 걷고 있는데 저만치에 정류장이 있음을 알리는 승차대 머리 부분이 삐죽이 올라와 있는 것이 성도의 눈에 띄었다.

"하영님, 여기에 웬 승차장이죠? 기차레일까지도 깔려있어요."

"여기서 우리는 기차를 타고 다음 관람 장소로 이동합니다."

"기차를 타요? 다른 곳에 박람회장이 또 있다는 것인가요?"

"제가 구구절절 설명하기 보다는 가보면 알게 됩니다. 그러나 우선 기차에 오르기 전 방명록에 확인을 하셔야 된답니다. 이쪽으로 오시죠."

간이역 기차 플랫폼 중간에는 DREAM이라 적힌 승차대가 세워져 있었다. 그 아래에는 동그란 마호가니 탁자가 하나 놓여 있었고 탁자 위에는 꽤나 큼지막하고 두툼한 책이 한 권 놓여 있었다.

"방명록이 아니라 책 같아 보이는데요?"

"맞습니다. 방명록이면서 동시에 책입니다."

하영이 아무렇게나 책을 한 번 펼쳐 보였는데 성도의 이름이 금색으로 큼지막하게 적혀있었다. 성도는 책에 적힌 자신의 금박 이름을 물끄러미 바라다보았다. 그 순간 책에 적힌 성도의 이름이 밝은 빛을 일으키더니 천천히 사라져갔다. 그러나 성도의 눈에는 그 빛이 전혀 보이질 않았다.

"되었습니다. 서명이 끝났습니다."

"이름을 바라보기만 했는데요......"

"그것이 서명이었답니다. 성도님께서 후일 이 세상을 떠나 천국으로 이동하게 되면 백보좌 앞에 이르게 됩니다. 그때 책 두 권이 지극히 거룩하신 분이 앉아 계신 책상 위에 놓여 있는 것을 보게 될 것입니다. 한 권은 행위록이라 불리는 책이고 또 다른 하나가 이 책입니다. 그때에도 지금처럼 지극히 거룩하신 분이 성도님의 이름이 적힌 곳을 펼칠 것입니다. 지금 성도님 눈에는 보이지 않았던 밝은 빛이 그때에도 빛날 것인데 그때는 성도님도 그것을 보게 될 것입니다. 성경에서 생명책이라는 단어를 본 적이 있으시죠?"

"예, 알고 있습니다."

"이 책이 그것이랍니다. 한 부는 지극히 거룩하신 분 책상 위에 놓여 있고 또 한 권은 이곳에 비치되어 있죠."

"그럼 만약 변동사항이 발생한다면 이것을 하영님이 들고 하나님 앞으로 가시나요?"

"아, 잊고 계셨군요? 이 책은 영원히 변동사항이 없답니다. 태초에 기록된 이름들이지만 한 번 기록된 내용은 바뀌지 않죠."

하영이 성도에게 대답하며 빙그레 미소를 지었다.

"그렇군요. 지금 갑작스레 생각이 드는 데…… 하영님. 혹시 이제 제가 탈 열차가 구원열차 같은, 뭐 그런 것인가요?"

"음, 그렇다고도 할 수가 있겠네요."

하영이 대답을 마치자마자 열차가 들어온다는 알림으로 나지막한 기차의 경적소리가 들렸다. 기관실 바로 뒤 칸에 이어진 객실에는 성도와 하영이 나란히 앉을 두 자리만 달랑 놓여있었고 지붕은 오픈되어 있었는데 기관사는 보이지 않았다.

"하영님. 이 기차도 자판기처럼 자동인가 보죠?"

"그렇습니다."

기차가 출발을 알리는 삐 소리를 한 번 내더니 서서히 출발을 했다. 목적지까지 10분여를 양 옆으로 담벼락이 세워진 복도를 따라 굽이굽이 돌며 천천히 달렸다. 달리는 중에 성도는 그가 앉아 있는 쪽 벽면에 걸린 거대한 그림들을 보았다. 그런데 그림들만 달랑 걸려있는 것이 아니었다. 그림을 향해 조명이 비추었고 아기자기한 설치물들도 놓여있었다. 그것들은 그림속 내용과 꼭 맞아 떨어지도록 꾸며져 있었다.

그림의 전체적인 내용은 예수님의 일대기였다. 제일 먼저 천사로부터 수태고지를 받고 있는 모친 마리아의 그림이 걸려있었다. 이곳에서 특별한 장치물은 방에 놓여 있던 물품들이었다. 마리아가 수태고지를 받았던 장소인 그녀의 방에 있던 소품들이 그림 주변을 자리 잡고 있었다. 마리아 앞에 등장했던 가브리엘 천사에게는 영롱한 빛이 몸 전체에서 발산되고 있었다. 성도는 저것이 그림인지 실제인지 구분하기도 어렵다고 하영에게 말했다.

수태고지에 이어 등장한 그림은 예수님께서 마구간에서 출생한 내용이었고 이후 자라온 모습들이 순차적으로 전시되어 있었다. 바로 이어 등장한 그림이 특히 인상에 남을 만했는데 그것은 공생애를 시작하며 세례 요한으로부터 예수께서 세례 받을 때 성령이 비둘기같이 임하던 장면이었다. 여기서는 살아있는 비둘기가 내려앉는 모습이 그대로 현장감 있게 재현되고 있었다.

이후로 제자들을 일일이 부르고 그들과 함께 사역하셨던 기적의 순간들 그리고 겟세마네에서 기도하는 장면과 갈보리 언덕에서 십자가에 못 박히고 다시 영광스러운 부활을 하신 장면들이 있었다. 제일 마지막은 예수께서 부활 이후 제자들에게 나타나 보이셨던 장면들이었다.

그림들을 재빨리 돌리게 되면 마치 살아 움직이는 것처럼 보여지듯이 기차로 이동 중에 그림들을 지나쳐 볼 뿐만 아니라 실제의 소품들까지 등장한 탓에 성도는 마치 한 편의 예수님 일대기를 감상한 것처럼 무척 실감난다고 감정이 격양되어 하영에게 말했다.

거의 도착 무렵이었다. 결코 잊을 수 없는 감동과 여운을 성도에게 남겨주는 그림이 있었다. 제일 마지막 그림은 예수께서 구름을 타시고 하늘에 오르실 때 흰 옷을 입은 두 사람이 예수님의 곁에 서서 말하는 모습이었는데 실제로 음성까지 들렸다.

"성도야. 어찌하여 멍하니 그림만 바라보느냐. 네가 보는 가운데 하늘로 올라가신 예수는 하늘로 가심을 본 그대로 다시 오시리라."

천사들 음성 여운이 채 가시기도 전에 도착을 알리는 기차의 경적소리가 들렸다. 그들이 도착한 곳에는 커다란 대왕 금강송 한 그루가 위풍당당한 모습으로 그들을 반기고 있었다. 족히 천 년은 살아 온 것처럼 성인 대여섯 명이 손가락까지 펴고 둘러서야 겨우 맞닿을 만큼 나무둘레의 규모는 엄청났다.

"아니 이것을 여기에 어떻게 옮겨다 놓으신 거죠?"

"이 나무는 여기에 계속 있었답니다. 성도님께서 나무 중에 소나무 특히 이런 고송을 가장 즐겨 보신다는 사실을 알고 성도님을 이곳으로 모셔왔습니다.”

“아, 그렇군요. 감사합니다. 근데 그러고 보니 다른 관람객들을 통 볼 수가 없던데 혹시 다른 분들도 이곳으로 오시는가요?”

“올 수는 있겠지만 도착은 다른 장소일 수 있습니다. 다른 분들의 도착 장소에는 다른 분들이 좋아하는 캐릭터가 그들을 반기기 위해 대기하고 있거든요. 그렇지만 이곳은 성도님만을 위한 장소이기도 합니다.”

“무슨 말씀이신지……”

성도가 이해가 잘 안 된다는 표정으로 하영을 바라보는데 하영은 나무를 올려다보라는 신호로 검지를 세워 위 방향을 콕콕 찔렀다. 성도가 거대한 소나무를 천천히 올려다보는데 두툼한 나뭇가지 하나에 옆으로 길게 늘어진 타원형 팻말 하나가 대롱대롱 매달려 있었다. 팻말에는 ‘DREAM LAND’라는 글자가 오묘한 빛을 발산하면서 금박으로 새겨져 있었다.

“드림랜드. 이곳은 어떤 곳이죠. 하영님?”

“드림랜드. 이곳은 꿈같은 곳, 꿈을 꾸는 곳, 꿈이 실현되는 곳이랍니다.”

“어어! 하영님. 저기 양 한 마리가 우리한테 오고 있어요.”

“아, 저것이요. 저것은 진짜 양이 아니라 양 로봇입니다.”

그들 앞으로 양 로봇이 마치 살아있는 양처럼 내 다리를 자연스럽게 사용해서 다가왔는데 그것 등에는 고정된 금 쟁반이 있었다. 쟁반 위에는 수박주스가 두 잔 놓여 있었고 양 로봇이 그들 앞으로 와서 멈추자 그것으로부터 음성이 들렸다.

"시원 달콤한 수박주스입니다. 좋은 시간되세요. 성도님."

"고마워요. 양 로봇님. 아니 매니저님. 하영님 카페매니저님 목소리 아닌가요?"

"뭐 그럴 수도 아닐 수도 있지요."

성도는 겸연쩍은 듯 애꿎은 자신의 뒤통수 머리카락을 끌쩍였다. 그리곤 하영에게 속삭였다.

"카페매니저님도 저를 항상 주시하고 계시나 봐요?"

성도 속삭임에 하영이 큰 소리로 웃어댔다.

그들이 수박주스를 다 마실 때쯤이었다. 커다란 배 한 척이 느릿느릿 그들을 향해 다가왔다. 여객선 같았는데 거대한 몸집을 가진 배에는 아무도 타고 있지는 않아 보였다. 이윽고 그들 앞에 거의 와서는 움직임을 멈추었고 배에서부터 다리가 그들 바로 앞으로 펼쳐져 내려왔다.

그들은 함께 배에 올랐다. 배가 다시 슬금슬금 앞으로 나아갔다. 물에 떠서 운행되는 것이 배일 텐데 물이 전혀 없는데도 신기할 정도로 배가 균형을 잃지 않고 중심을 잘 잡고 있었다. 하영이 성도에게 바라보라는 의미였는지 고개를 올려 세우고 어딘가를 향해 팔을 들더니 검지를 폈다. 그가 가리키는 공중에서는 흰 구름들이 모여들면서 글자들이 새겨지고 있었다.

"꿈이 있는 하성도의 꿈같은 은혜 체험"

그로부터 불과 몇 초가 지났나보다. 편안하게 운행 중이던 배가 갑자기 좌우로 크게 흔들리기 시작했다. 성도는 반사적으로 두 손을 뻗어 난간을 꼭 붙들었다. 그리곤 큰 소리로 외쳤다.

"하영님 조심하세요!"

그런데 바로 곁에 있었던 하영이 보이질 않았다. 혹시 배에서 떨어졌는가 싶어 성도가 조심스럽게 난간 틈으로 고개를 내밀고 배 밑을 내려다보았다. 어느 새 배는 검푸른 바다 위를 두둥실 떠다니고 있었다. 사방이 이내 어두워졌다. 쪽빛 번개가 번쩍이더니 굵은 장대비마저 빗발쳤다. 조금 전까지의 고요는 폭풍전야인 셈이었다. 성도는 젖 먹던 힘까지 짜내어 난간을 힘 있게 쥐고서는 연실 하영만 애타게 찾아댔다.

"하영님, 어디계세요. 이건 너무 위험한 것 같은데 어떻게 멈추나요?"

하지만 아무리 그를 불러대도 그의 대답은 돌아오질 않았다. 오히려 폭풍우만 더욱 거세게 밀어붙일 뿐이었다. 성도는 난간보다는 선실이 안전할 것이라 판단되었는지 그곳을 향해 살금살금 기어가다시피해서 겨우 안으로 들어갔다.

성도는 선실 문을 닫았다. 신기하게도 방금 전까지의 심각한 상황이 그곳에서는 전혀 느껴지지 않았다. 선실 밖에서는 거센 폭풍우가 위협적일만큼 쳐대고 있는지 조차 모를 정도로 선실은 고요했다. 몸의 흔들림조차도 없었다.

성도가 어느 정도 마음의 안정을 찾는 그때였다. 굵고 커다란 음성이 그의 귀에 들려왔다. 음성이 너무나 커서 성도는 스피커를 통해 안내 방송을 하는 것이리라 생각할 정도였다. 긴장한 중에 너무나 갑작스레 들린 음성인지라 내용을 제대로 파악하지 못했다. 재차 방송하겠지 라며 기다리고 있는데 아니나 다를까 좀 전과 같은 음성이 성도의 귓전에 똑똑히 들려왔다.

"네가 어디를 갔다 이제 왔느냐. 어디 있는 것이지!"

성도는 자신 말고도 누군가가 배에 탑승해 있을 것이라 여겼다. 확인해 보아야겠다고 마음을 먹었다. 정신을 가다듬는 심호흡을 몇 차례 한 다음 선실의 문을 조심스레 열고 선실 밖 좌우를 살폈다. 폭풍우는 여전히 거세게 맹위를 떨치고 있었고 그 여파로 배는 상하좌우로 흔들렸지만 이상할 정도로 성도는 그것에 하나도 영향을 받지 않고 있었다. 그래도 성도는 배의 난간을 붙들었다. 하지만 심하게 요동하는 것은 배일뿐 성도의 몸은 전혀 흔들림이 없었다.

뱃머리 쪽인 것 같았다. 다시 거대한 음성이 들려왔다. 성도는 그쪽을 향해 발걸음을 조심스레 옮겼다. 뱃머리에 이르자 성도는 화들짝 놀란 탓에 하마터면 뒤로 넘어질 뻔 했다. 너무나도 밝은 빛을 뿜어내는 흰 옷을 걸친 몹시도 키가 큰 사람이 갑판에 서있었던 것이었다. 키가 얼마나 컸던지 성도의 눈에 들어오는 것이라고는 발 밖에 없었다. 갑판에 서 있는 키 큰 사람의 얼굴을 확인하려고 성도가 천천히 올려다보려는데 천둥과도 같은 톤의 목소리가 들려왔다.

"네가 어디를 갔다 이제 왔느냐."

이 말소리는 이전과는 다르게 상당한 공포로 성도에게 다가왔다. 성도의 온 몸은 소름이 돋아 올랐고 머리털마저 쭈뼛 일어섰다. 성도에게는 이제 폭풍우보다 갑판 위에 서 있는 밝은 옷을 걸친 키가 몹시 큰 사람이 더 위협적이었다.

성도는 곧바로 뒤돌아서서 잰걸음으로 선실 쪽을 향했다. 가는 도중에 몸을 숨길만한 적당한 구석이 보이자 그는 우선 그곳에 쪼그려 앉았다. 다리에 힘이 풀려 더 이상 걸을 수가 없을 지경이었다. 성도의 온 몸은 사시나무 떨리듯 부들부들 떨리고 있었다. 그러는 중 배가 멈춰 섰다. 동시에 폭풍우도 감쪽같이 사라졌다. 벌벌 떨고 있는 성도 앞에 드디어 하영이 모습을 드러냈다.

"여기 계셨군요. 많이 무서웠나요?"

성도가 하영을 바라보는데 원망과 안도가 교묘하게 겹쳐진 표정을 하고 있었다.

"저, 저는 하, 하영님이 배에서 그만 떨어지신 줄 알았어요."

"오호, 그랬군요. 저를 걱정해주셔서 감사하지만 그것이 성도님께 이토록 두려움을 건네 준 것은 아닐 텐데요!"

"맞아요. 폭풍까지도 위협적이진 않았어요. 맨 처음은 그랬지만 나중에는 갑판에 나타나신 분 때문에 더욱 겁이 났어요."

"혹시 그분이 누구신지 아시겠어요?"

"아뇨. 얼굴을 올려다보려는데 거대하고 장엄한 음성이 들렸고 그 음성에 덜컥 두려움이 엄습했어요."

"그랬군요. 그분은 거룩하신 어린 양이시랍니다."

"예수님이요!"

"그렇습니다. 세상에 사람으로 오신 어린 양은 사람들과 매우 친밀하셨죠. 그러나 어린 양께서 하늘로 승천하신 후로 어느 누구라도 그 앞에 서게 되는 날에는 모두 두려움에 사로잡히게 된답니다. 아주 오래 전 애제자로까지 여김을 받던 사도 요한조차도 어린 양 앞에선 마치 죽은 자와 같이 되었던 적이 있었어요."

"압니다. 요한세시록에서 봤어요."

"그런데 성도님. 혹시 조금 전 있었던 상황을 성도님은 아직도 기억하고 계시는지요?"

"정확히 알고 있습니다. 제가 세례 받은 후 얼마 안 되어서 꾸었던 꿈입니다. 그 당시는 혹시나 하고 생각만 했지 맞을 것이라고 확신을 못하고 있었어요."

"왜죠?"

"만약 그분이 나를 사랑하는 예수님이셨더라면 최소한 두려움을 나에게 주지는 않을 것이라 생각했죠."

"그렇긴 합니다. 어린 양은 사랑 자체이시죠. 하지만 죄 있는 사람들에겐 동시에 두려움의 대상이 되기도 합니다. 그분은 완전히 거룩하신 분이라서 죄가 있는 사람은 어린 양 앞에 당당히 나서질 못한 답니다. 어린 양 앞에 서게 되는 날에는 모두다 자신들의 삶의 행적에 대해서 낱낱이 자백해야만합니다. 감추래야 감출수가 없답니다. 왜냐면 어린 양은 빛과 진리이시기 때문입니다. 모든 것이 밝히 드러나죠."

"그런데 하영님. 저 당시는 제가 예수님을 막 알아가던 상태였고 무엇 하나 자랑거리로 보여드릴 것도 없었는데 저 같은 사람에게 왜 모습을 친히 보이신 것일까요?"

"그것은 어린 양께서 성도님을 사랑하고 있다는 것을 정확히 알려 주시려는 것이었습니다. 그 표현이 기다렸다는 것이었죠. 애타게 기다리고 계시다는 것을 사람이 사용하는 언어로서 이해를 시키기 위해 그런 말씀을 하신 것이랍니다. 탕자의 비유에서처럼 어린 양은 언제나 죄인들이 회개하고 돌아오기를 손꼽아 기다리고 계시죠. 그런데 성도님께서 막 신앙고백을 한 직후에 모습을 보이신 것은 사실 어린 양께서 나타나신 것은 아니랍니다. 성도님께서 어린 양을 보신 것이죠."

"무슨 말씀이신지......?"

"마음이 청결한 자는 하나님을 볼 것이요 라는 성경 말씀을 기억하시죠? 그것이 결정적인 원인입니다."

"저는 마음이 그리 순수하지 않은데......."

"성도님. 아까 전 연극장에서 관람하실 때 성도님께서 세례 받으면서 회개하는 장면을 보셨죠? 진정한 회개는 모든 죄를 청산하게 해주기 때문에 청결한 상태로 바뀌게 된답니다."

"그럼 진실한 회개의 기도는 청소를 하는 것이겠군요!"

"맞습니다. 예수님의 십자가 희생이 하나님의 공의를 만족시켜드렸기 때문에 성도님의 모든 죄가 없어졌던 것입니다. 다만 아무리 어린 양의 공로로 죄 사함을 얻었더라도 완전히 의로운 상태는 아닙니다. 죄에 대한 처벌을 받지 않는다는 것뿐입니다. 죄인의 신분은 고스란히 남아 있죠. 그래서 어린 양 앞에선 그 누구라도 두려움에 사로잡히게 되는 것이랍니다. 하지만 지금의 두려움은 훗날 거룩하신 어린 양의 나라에 가게 되면 완전히 사라지게 됩니다."

"그렇군요."

어느덧 배는 물이 전혀 없는 평지를 또 다시 운행하고 있었다. 곧 배가 멈췄고 땅으로 이어진 다리를 통해 그들이 내려왔다. 하영은 성도에게 잠시 걷자고 했다. 잠시 후 나지막한 바위산이 있는 곳에 이르렀다. 함께 *그곳을* 오르자고 하영이 말했다. 누 사람이 바위산 꼭대기에 거의 다다를 무렵이었다. 홀연히 성도의 몸이 공중으로 두둥실 떠올랐다. 점점 하늘을 오르는 성도가 발밑을 내려다보는데 하영이 성도를 향해 양손을 들어 흔드는 모습이 보였다.

성도의 머릿속이 분주해졌다. 박람회장을 들어오기 전 보았던 박람회장의 크기와 높이를 가늠해 볼 때 이렇게까지 높지는 않을 것인데 라고 의아해하였지만 이미 자신이 계산했던 것보다 훨씬 높은 곳까지 오르고 있다는 것을 어렴풋이 느꼈다. 얼굴에 시원한 바람을 맞아가며 수분 수초를 하늘 꼭대기로 향하더니 어느덧 구름이 동실동실 떠다니는 지경까지 이르렀다.

성도가 솜사탕 같은 구름 옆에 나란히 서 있었지만 추락하거나 하지 않았다. 성도는 몇 발자국을 하늘 위에서 조심스레 걸어 보았다. 놀랍게도 성도가 밟은 곳에 구름발자국들이 생겨났다. 성도는 그것이 흥미로웠던지 몇 걸음을 더 종종거리며 걸었다. 구름발자국들은 한동안 사라지지 않고 성도가 지나간 하늘 길에 몽실몽실 떠 있었다.

성도가 다시 날고 싶었는지 서 있던 하늘자리에서 다이빙을 했다. 그의 몸이 자유자재로 오르락내리락 원하는 대로 날아 다녔다. 한참 동안 슈퍼맨처럼 신난 비행을 하고 나서야 성도는 땅으로 내려왔는데 하영이 서 있는 지점에 사뿐히 내려앉았다.

"재미있으셨어요?"

"아무렴요, 최고입니다. 기분이 마구 날아 갈 것 같다고 흔히들 말하는 것이 이런 것을 두고 말하는 것이라는 사실을 실감했어요.

그리고 기가 막히는 것이 또, 또 있었는데요. 아, 글쎄 하늘을 걷는데 말이죠, 와우! 예쁜 구름발자국들이 막, 막 생겨나더라고요.”

성도는 흥분이 고조된 탓에 말까지 더듬거렸다.

“그랬군요. 그런데 그거 아세요? 하늘의 성도님 발자국은 귀한 의미를 담고 있답니다.”

“의미요?”

“그렇습니다. 성도님이 하늘에서 신고 있었던 신발은 복음의 신발이랍니다. 즉 성도님에게 그 신을 신겨 복음전도자로 삼겠다는 것을 알려주는 것이랍니다. 혹시 모세가 광야에서 부름을 받았던 장면을 기억하시는지요?”

“그럼요, 불타지 않는 떨기나무 앞에서 이스라엘을 가나안으로 인도하라는 소명을 하나님으로부터 받았죠.”

“그럼 모세가 불꽃나무 가까이 갈 때에 어떤 음성을 들었는지 그것도 아시나요?”

“네 신을 벗으라. 이곳은 거룩한 곳이라고 하였죠.”

“그렇습니다. 모세는 그곳에서 소명을 부여 받으며 세상의 신발을 복음의 신발로 바꿔 신게 되었던 것입니다.”

“아아, 그렇군요. 그게 그 의미도 있었군요!”

“성도님, 여기서 조금만 내려 가 보죠.”

성도와 하영이 바위산을 내려오고 있는데 저만치에 성도의 눈 속으로 큰 뱀 한 마리가 꽈리를 틀고 있는 것이 목격되었다. 순간 성도가 소리쳤다.

“하영님 저 앞에 무시무시한 뱀이 있어요. 조심하세요!”

성도는 반사적으로 뱀을 물리칠 무언가를 찾았다. 마침 성도의 눈에 하얀 색의 돌멩이가 보였다. 성도는 흰 돌을 집어 냅다 뱀을 향해 던졌다. 돌멩이는 정확히 뱀의 머리 위에 떨어졌고 뱀은 그 자리에서 즉사했다.

"다행입니다. 정확히 맞추셨네요."

"으음 그게, 그게 말이죠. 제 실력이 아니라 돌이 알아서 날아가 떨어진 것 같아요. 더군다나 힘주어 던진 것도 아니었고 정확히 조준한 것도 아니었어요."

"그랬군요. 성도님께서 방금 던진 그 돌은 요한계시록에 기록되어 있는 흰 돌이랍니다. 흰 돌은 부활하신 어린 양을 상징하죠. 즉 어린 양께서 사탄의 머리를 깨뜨리고 승리했다는 것을 알려 준 것입니다. 더불어 어린 양께서 취하신 승리의 권세를 이제 성도님에게도 주었다는 것을 지금 보여준 것입니다. 성도님께서 어린 양의 이름으로 세상을 향해 선포한다면 제 아무리 날고 기는 사탄이라도 결코 꼼짝 못할 것입니다."

"아! 그런 것 인가요. 감사합니다."

"제게 감사하실 것이 있나요. 저는 소식만 전해 드릴 따름입니다. 감히 저희도 못하는 것을 성도님은 할 수 있어서 부러울 따름입니다."

그들이 바위산을 거의 내려왔을 즈음이었다. 그들이 내려오는 앞길을 가로막고 있던 큰 바위를 돌아 나오는데 푸르고 넓은 바다가 펼쳐져 보였다.

"하영님. 바다네요!"

"예, 바다입니다. 수영을 잘 하시나요. 성도님?"

"죄송하지만 저는 수영을 전혀 못합니다. 물에만 들어가면 잠수함 모드가 발동되어 곧바로 꼬르륵 잠겨버려요."

"하지만 성도님. 여기서는 불가능이 없어요. 그간 맘 졸이며 애타하던 모든 것을 여기서 맘껏 즐겨 보세요."

"그럼, 하영님 말씀을 믿고 한 번 도전해볼까요."

성도는 그동안 타인들의 동작을 보면서 부러워하고 소망해 왔던 그들의 폼을 연상하면서 다이빙을 했는데 올림픽에 출전한 다이빙 선수처럼 능숙하고 멋진 폼으로 물속에 들어갔다. 들어간 바다에서는 물질을 업으로 삼은 해녀보다 더 능숙하게 두 다리만으로 물질을 해댔다. 그리고는 아주 빠른 속도로 수영을 했는데 돌고래들마저도 성도를 따라잡지 못할 정도였다. 자유형, 배영, 평형 등 자유자재로 몸짓을 바꿔가며 성도는 바다에서의 시간을 맘껏 즐겼다. 얼핏 성도의 다채로운 수영모습은 마치 인어가 물속에서 뛰노는 것처럼 보이기까지 했다. 한동안 수영의 즐거움을 만끽한 후에 성도가 육지로 나왔는데 물이 뚝뚝 떨어지는 젖은 옷이 뽀송하게 바로 말라 있었다.

"어땠어요. 성도님?"

"뭐라 형언할 수 없이 너무 좋아요. 제가 이렇게 수영을 잘하리라곤 감히 상상도 못했어요. 맘먹은 대로 수영 동작이 뭐든 되더라고요. 속도까지 얼마나 빠르던지 날쌘 물고기들조차도 나를 못 따라 왔어요."

성도의 목소리 톤이 꽤나 높여져 있었다. 신기한 경험으로 성도는 심히 흥분되어 있었다. 얼굴빛마저 홍조로 잔뜩 물들어 있었다.

"꿈속에서 이런 꿈들을 꾸셨던 적이 있었죠?"

"그럼요, 하늘을 새처럼 날아다니고, 무시무시한 뱀을 잡고, 바다에서 신나게 물고기처럼 수영하고, 정말이지 너무 행복했어요."

"그랬군요. 다행입니다. 이것을 알려드리고 싶군요. 사실 성도님께서 꾸었던 그 행복한 꿈들은 지극히 높으신 분께서 뭔가를 전해주려는 메시지랍니다."

"어떤......?"

"바다에서의 수영과 창공을 가르는 비행의 꿈들은 지극히 높으신 분의 은혜 안에서 지내고 있음을 알려주는 것입니다. 지극히 거룩하시고 높으신 분의 바다와 하늘같은 사랑 안에서 맘껏 활보하는 상태를 상징해 주는 것이죠."

"그렇군요. 저는 너무너무 행복한 사람입니다."

"아, 그리고요. 성도님. 모든 신자들은 지극히 높으신 분께서 선물로 주신 은혜를 체험하는 중에 그것이 지극히 거룩하시고 높으신 분의 은혜로 말미암았다는 것을 분명하게 알게 되는 순간, 이 세상이 줄 수 없는 참된 행복을 느끼게 된답니다."

그때 어딘가에서 양의 울음소리가 애처롭게 들려왔다. 그들은 울음소리를 따라 그곳을 향했다. 저쪽 편 떡갈나무 아래에 양 한 마리가 무릎을 접고 앉아 있었다. 그들은 양에게 가까이 다가가 양의 상태를 살폈다. 특별한 문제점은 발견되지 않았다. 그런데 성도가 양의 목에 금목걸이가 걸려있는 것을 발견했다. 목걸이에는 하트 모양을 한 이름표가 부착되어있었다.

"하영님. 양 목걸이에 제 이름이 적혀있어요? 여기 하성도라고!"

"그 양은 성도님을 비유하는 것입니다."

"이, 양이요?"

"저 앞을 보시겠어요?"

성도는 하영이 손가락으로 가리키는 방향을 따라 고개를 돌렸다. 그곳에는 육교가 하나 있었다. 육교 중간부분에는 누군가가 육교 바닥에 앉아 있었다. 자세히 보니 허름한 옷을 대충 걸친 여인이 어린아이를 가슴에 끌어안은 채로 마치 동냥을 하는 것처럼 보였다. 그때 고등학생 성도가 그곳을 스쳐지나가려했다. 누추한 그녀를 성도가 잠시 바라보더니 주머니에서 500원짜리 동전을 하나 꺼내 그녀 앞에 놓인 빈 바구니 안에 살짝 놓아주었다.

"혹시 저 상황을 기억하나요? 성도님."

"글쎄요! 날 듯 말 듯 합니다."

"성도님은 잊으셨나 보군요. 그러나 자비로우신 어린 양은 정확히 기억하고 계십니다. 성도님께서 굶주린 어린 양에게 자비를 베풀었던 것을 말이죠."

"저는 예수님에게 그렇게 한 적이 없는데요!"

"방금 보신 저기 성도님께서 베푼 자비가 바로 어린 양을 향해 드렸던 것이랍니다. 어린 양은 소자에게 한 것이 곧 어린 양에게 한 행동이라고 말씀하셨습니다. 저 당시 성도님께서 저 여자 분에게 자비를 베푼 500원은 성도님의 저녁식사 비용이었죠?"

"아마도요. 그때는 저녁 늦게까지 자율학습을 해서 하루 두 번의 도시락이 필요했는데 저녁은 보통 라면 같은 것을 사먹곤 했죠.

500원이면 맞을 겁니다.”

“그때 성도님께서 자비를 베풀고 난 후에 저녁을 굶게 된 것을 어린 양은 아직까지도 두고두고 우리들에게 말씀을 해주시곤 한답니다.”

“별 것도 아닌 걸요 뭐. 굶는 것은 하도 이력이 나서 일도 아니어요.”

성도가 손사래를 치며 고개까지 저어댔다.

“자, 성도님 저쪽 방향도 보시죠.”

하영이 가리킨 방향을 성도가 바라보았다. 그곳에는 모래언덕이 있었는데 마치 절벽처럼 깎아지른 것이 굉장히 높고 가팔랐다. 그 위로 차 한 대가 쏜살같이 달렸다. 그러던 중에 난데없이 자동차가 중심을 잃고 낭떠러지 모래언덕을 데굴데굴 굴러 내렸다. 자동차는 형태를 알아보기 힘들 정도로 구겨졌다. 그 안에 타고 있을 사람이 걱정되었다. 성도는 운전자가 필시 죽었을 것이라 짐작했다. 그런데 구겨진 차에서 운전자가 멀쩡한 상태로 기어 나왔다. 성도가 자세히 보니 성도아버지였다.

“저것은 어떤 사연인가요. 하영님?”

“보신 그대로입니다. 성도님 아버지께서 사우디아라비아에서 근무하실 때 자동차 사고가 있었죠. 자동차를 폐차시킬 정도로 큰 사고였답니다. 그러나 성도님의 아버님은 가슴통증만 조금 있었을 뿐 크게 다친 곳 없이 무사하셨어요.”

“저것을 왜 보여주시죠?”

“답은 이 어린 양에게 있습니다.”

"무슨……?"

"성도님은 아버지를 매우 미워했지만 그 당시 목사님으로부터 사랑과 용서의 설교를 들었죠. 설교를 따라 성도님은 그간의 미움은 잠시 접은 채 아버지를 향해 구원의 기도를 하셨어요. 신자들의 구원을 위해 갈보리 십자가에 달리셨던 어린 양은 당신 양의 사랑의 울부짖음을 기뻐들으시고 수납하셨던 것이어요. 원래는 성도님 아버지의 목숨을 저 때에 거두기로 지극히 높고 거룩하신 분은 결정을 하셨죠. 그러나 히스기야의 목숨을 연장시켰던 것처럼 양의 울음소리는 성도님의 아버님 생명을 연장시켜 주셨던 것입니다."

"그랬군요. 언젠가 아버지가 사우디에서 돌아오신 후에 들려주었던 말씀이 생각납니다. 자동차가 구르는데 불현듯 큰 손이 나타났다고 하셨죠. 그 손이 당신의 몸을 감쌌고 동시에 안전함을 느꼈다는 것이었어요. 아버지는 그것이 하나님의 손이라는 것을 직감적으로 알아채셨다고 했어요. 그 후 그곳에서는 원천적으로 기독교적인 모든 것을 절대 금지했지만 신변의 위험도 불사하고 기도를 하며 성경까지 구해서 읽으셨다고 하셨어요."

"그렇습니다. 지극히 높으신 분은 그처럼 모든 것을 합력시켜 좋은 결과를 이루어 내셨어요. 성도님. 이제 다른 곳으로 이동해서 또 다른 경험을 해보시죠."

하영이 성도를 데리고 다다른 곳에는 조그만 동산이 있었다.

"이제 등산할 차례인가요?"

성도가 쪼그려 앉아 운동화의 끈을 바짝 조여 매며 말했다.

"하하. 성도님 그리 힘들진 않을 겁니다. 혹여 지치기라도 한다면 목에 걸려 있는 꽃다발이 성도님의 피로를 말끔하게 씻어 줄 것입니다."

성도는 앞서 오르는 하영의 뒤를 바짝 따라 산을 올랐다. 조금은 가파르다 싶었지만 숨이 차거나 다리에 무리가 가지는 않았던지 성도는 휘파람을 부는 여유까지 부렸다. 성도의 휘파람 연주가 거의 끝나갈 때쯤이었다. 조그만 규모의 산당이 그들 눈에 띄었다.

"이런 곳에 산당이 다 있었네요?"

성도가 오르던 산길을 멈춰 선채 산당을 바라보며 하영에게 말을 걸었다.

"그러네요. 조금 더 오르면 정상입니다. 우선 꼭대기까지 가보죠. 성도님."

하영이 몸을 돌려 다시 산을 오르며 대답을 했다.

그들이 드디어 산 정상에 올라섰다. 오자마자 그들은 눈을 감고 시원한 산 공기를 들이마셨다. 한결 기분이 더 좋아지는 것 같다고 성도가 하영에게 소리쳤다. 눈을 뜬 성도가 사방을 살피며 오른쪽으로 고개를 돌리는데 거대한 나무말뚝에 커다란 안내판이 붙어있는 것을 발견했다. 성도가 나무말뚝으로 다가가서는 안내판의 내용을 소리 내어 읽었다.

"이 산은 하성도의 소유입니다. 이 산 어디에도 하성도의 허가 없이 무단으로 설치를 할 수가 없습니다. 특히 산당은 절대 불허합니다."

"하영님. 이 산이 저의 소유라고 적혀있어요."

"맞습니다. 성도님의 산입니다."

"산당을 불허 한다고 적혀 있네요. 그럼 아까 보았던 산당은 누군가가 임의로 설치를 한 것인가요? 제가 그것을 허락할 리 만무할 텐데요!"

"그 누구라도 성도님의 허가 없이는 불법이기 때문에 설치를 할 수 없답니다. 그러니 그것이 있다는 것은 성도님께서 허락을 해 준 까닭이겠죠?"

"제가요? 그걸 요? 설마......"

성도는 검지로 자신을 가리키면서 눈마저 똥그랗게 떴다.

"우리 다시 산당으로 내려가 보죠."

그들은 산당가까이 다가갔다. 산당 입구에 안내팻말이 세워져있었다. 이번에도 성도가 그것을 소리 내어 읽어 내려갔다.

"이곳은 하성도의 별채입니다."

성도가 잘못 읽었나 싶어 재차 읽어보았다. 틀림없는 성도의 별채라는 문구였다. 성도가 입을 벌린 채로 어안이 벙벙하여 서있었다. 그때 산당에서 안내방송이 들려왔다.

"오직 산당을 제하지 아니하였으므로 백성이 오히려 산당에서 제사하며 분향하였더라."

"아아, 그것이었군요!"

성도가 무엇을 짐작했는지 고개를 아래위로 끄덕이며 말했다.

"아시죠?"

"예, 잘 알고 있습니다. 제가 담배를 끊지 못하고 있을 때에 들려 왔던 마음의 울림입니다. 세례를 받고 진귀한 꿈을 꾸면서 더군다나 기도의 놀라운 응답 체험을 하면서도 담배만큼을 끊지 못하고 있었어요. 예배를 다녀온 후 남배를 입에 물게 되면 어김없이 지금의 이 음성이 마음 어딘가에서 울려 나왔죠."

"담배가 신자의 구원을 가로막을 만큼 심각한 범죄는 아닙니다. 하지만 죄의 근원이 되어 죄의 유혹에 쉽게 빠져들게 하거나 죄의 중독을 벗어나지 못하게 만들곤 한답니다. 그래서 한편으론 흡연을 심각한 신앙적 범죄로 여길 수도 있습니다. 끊지 못하는 것이야 어쩔 도리가 없겠지만 속상하다고 해서 담배를 찾게 된다면 문제가 심각해지죠."

"맞습니다. 저도 담배의 맹점을 알고 있어요. 문젯거리가 생기면 기도하든지 말씀 속으로 들어가야 했었는데 그것보다는 담배에 우선적으로 손이 먼저 갔죠. 그럴 경우 하나님의 뜻보다는 내 생각이 앞서게 되는 것은 당연하게 됩니다. 담배를 의존해 마음을 차분하게 가라앉혀 보려 한다든지 결정을 이끌어 내려한다든지 하는 것은 어찌 보면 우상숭배와도 같을 것이라 생각했어요. 그리고 담배를 피워대는 중에 성경을 펼쳐 보거나 기도를 한다거나 할 수는 없죠. 결국 흡연과 신앙은 공존할 수 없는 관계라고 판단됩니다. 흡연은 신앙에 결코 이롭지 않아요."

"그런데 그렇게도 끊지 못하던 버릇을 아주 쉽게 끊어 버리셨죠?"

"그렇습니다. 떨어버리려고 갖은 노력을 다했음에도 끔찍하도록 버리지 못한 것을 금식 삼일 만에 쉽게 떨쳐냈어요. 그때가 신학생 1학년이었고 부활절을 앞둔 고난주간이었지요. 목사후보생이기도 해서 예수님의 고난을 공유하는 차원에서 삼일동안 금식을 해보리라 마음먹었죠. 그렇지만 밥을 굶는 것은 그리 문제가 안 되었는데 담배가 고민이었죠. 금식 첫날 하루 동안에 침을 엄청 흘렸던 것으로 기억합니다. 하지만 앞으로 목회를 해야 할 사람이 삼일정도의 금식도 못하겠나 싶어 마음을 굳게 다잡는 순간 담배 생각이 싹 사라지더라고요."

성도가 잠시 생각을 고르는데 하영이 말을 가로챘다.

"성도님. 그때에 거룩하신 영께서 성도님이 그런 마음을 먹도록 도와주셨어요. 금식 삼일 후에 또 다시 담배를 피우는데 그것이 다른 때와 달리 엄청 쓰다는 경험을 아직까지 기억하고 있는지요? 그것도 거룩한 영께서 하셨던 것이랍니다."

"맞습니다. 제 힘으로만 하려 했다면 아마 지금까지도 이 문제를 붙들고 씨름하고 있었을 겁니다. 하나님의 역사가 아니라면 전 아무것도 할 수가 없다는 것을 다시 한 번 확인시켜 주셨어요."

"성도님. 기분전환도 하실 겸 이번에는 기막히게 신나는 롤러코스터를 타 볼까요?"

"롤러코스터요? 하영님. 난 그것을 그다지 좋아하지 않아요. 떨어 질까봐서 무섭거든요. 고소공포증도 있고요."

그러나 어느 새 성도의 의지와 상관없이 롤러코스터의 좌석 안에 그의 몸이 들어와 앉아 있었다. 안전 바가 성도의 어깨에 천천히 내려왔고 허리안전띠가 성도의 허리를 감싸자 롤러코스터가 움직이기 시작했다.

"이거 안전한 거죠? 하영님은 왜 안타요?"

"그것은 성도님의 전용 롤러코스터여서 저는 탈 수가 없답니다."

성도가 탑승한 롤러코스터는 지구상 어디에도 없는 최고의 고난도 급경사 놀이기구였다. 오르락내리락하는 낙차 폭이 이구아수 폭포 높이보다 더 되었고 좌우로 꺾이는 각도는 거의 직각수준이었다. 성도의 몸이 밖으로 튕겨 나가지 않는 것이 신기할 정도였다.

빠르기는 마치 총알처럼 빨라서 주위에 뭐가 있는지 조차 구분하기 어려울 정도였다. 순식간에 한 바퀴를 돌아와 멈추었다. 성도가 그것에서 내려 거울을 바라보는데 머리털이 다 일어나 있었다.

그러나 목에 걸친 꽃다발은 꽃잎 하나 떨어지지 않았다. 성도는 그 와중에서 머리가 띵하거나 속도 전혀 울렁이지 않는다고 하영에게 말했다. 하영이 성도의 엉클어진 머리모습을 자신의 손가락으로 쓰다듬어주었다.

"에이, 뭐에요. 혼자만 타게 하고......"

"송구하지만 저는 타야 할 이유가 없었습니다. 롤러코스터는 오르락내리락 갈팡질팡 때론 고속으로 죄를 향해 질주하던 성도님의 격차 큰 신앙생활의 단면을 빗대어서 체험하게 했던 것이랍니다."

"저의 신앙생활이요?"

"그렇습니다. 질풍노도의 시기와 맞물려 격심한 감정기복과 불안정한 정서는 성도님의 신앙생활마저도 마치 롤러코스터를 타고 있는 것처럼 동분서주, 오르락내리락 변화무쌍하게 만들었죠."

"그랬습니다. 부모님의 불편한 관계 틈바구니에서 드디어 머리가 커지니 굳이 부모님 곁에 머물지 않아도 홀로서기가 가능하다고까지 생각하기도 했어요. 그러다보니 때론 가출도 해보았고 고등학교 졸업 후에는 그동안 학생 신분으로 누리지 못했던 것들을 맘껏 경험도 했죠. 그러다가 이게 아니다 싶으면 다시 교회로 발걸음을 돌리기도 했고요. 신앙정립이 되었다 안 되었다 반복하고 있었죠."

성도의 음성과 고개가 동시에 점점 수그러들었다.

"허나 실속도 있었죠. 방언이라는 놀라운 은사도 사용하셨잖아요. 성경말씀을 깨닫는 귀한 은사도 받으셔서 성경이해도 남달랐고요."

"그러긴 했죠. 잘은 몰라도 그런 점 때문에 교회를 완전히 떠나 살지를 못했던 것 같아요. 삶을 비관하면서 모든 것을 포기하고 싶었는데 그러질 못했죠. 20대 초반이었어요. 사우디에서의 일을 마친 아버지가 찾아와 다시 합치자니 뭐하자니 하면서 집안이 또 한 번 시끌벅적 했었죠. 결국 어머니는 참다 참다 제게 일말의 소식만 남기곤 아버지를 피해 어디론가 잠적해버리셨어요. 그때 더 이상 철부지 어린아이가 아닌 나는 그동안의 복수도 할 겸으로 아버지를 함부로 대할 생각마저 들었지만 나의 신앙 양심이 그것을 허락하질 않더라고요"

"잘 참으셨어요."

하영이 양손 엄지손가락을 추켜세우며 말했다.

"제 의지이겠습니까! 그것도 하나님의 은혜 덕분이겠죠. 그때 하나님께서 저를 붙들어 주지 않으셨다면 저는 암흑가로 빠졌을 겁니다. 청소년 때에 말썽꾸러기로 소문이 난 저를 잘 알고 있는 불량한 친구들이 내게 유혹의 손길을 뻗쳤어요. 그러나 왠지 그 길이 맘에 차지 않았어요. 저의 성격이 불량스럽긴 했어도 저는 약자를 보호하는 편에 서는 것이 제가 주먹을 휘두르고자 하는 이유였기 때문이었죠. 닥치는 대로 남을 괴롭게 하진 않았어요. 아마도 이런 마음은 어려서부터 교회와 가까이 지낸 탓이리라 여겨집니다."

"그렇습니다. 아, 참고로 저는 성도님도 모르는 롤러코스터 같은 당시의 위험천만했던 상황의 뒷이야기를 알고 있습니다. 그때 저희들은 무척이나 바쁜 시간을 보냈답니다. 지극히 거룩하시고 높으신 분의 지시로 저와 몇몇 친구들이 성도님께 파견을 나갔죠. 가서보니 점입가경이더군요.

사탄들이 떼거지로 몰려와 성도님을 겹겹으로 에워싸고는 내 놓지 않겠다고 버팅 겼답니다. 우리는 사력을 다해 그들과 맞서 싸웠죠. 그때 모세 선생님께서도 우리와 함께 하셨어요. 그분은 기도를 하셨는데 그분이 팔을 들고 있으면 우리 쪽이 우세했고 그분 팔이 내려오기라도 하면 우리가 밀렸어요. 그래서 모세 선생님께서는 죽을힘을 다해서 팔을 들었는데 제가 얼핏 보니 두 팔이 부들부들 심하게 떨리고 있었죠. 그 덕분에 우리가 최후 승리를 짜릿하게 맛보았답니다."

"감사해요. 제가 여기에 안전하게 있을 수 있는 분명한 이유네요. 그래서인지 언뜻 언뜻 이런 생각이 자주 들곤 했어요. 누군가 날 위해 기도하고 있다는 것을요."

2-8. 오두기

"성도님. 어느덧 오늘의 인생박람회 마지막 관람코스 지점이 가까워졌습니다. 그곳을 방문하기 전에 다른 곳을 먼저 들렀다 가시죠. 출출하진 않으신가요? 허기도 달랠 겸 좀 쉬었다 가시죠."

"좋아요!"

성도가 마치 기다렸다는 듯 소리를 높여 바로 맞장구를 쳤다.

하영이 성도를 데리고 간 곳은 박람회 레스토랑이었다. 그곳 분위기는 카페와 달리 고급스러웠다. 연극무대에서 보았던 것 같은 몇몇의 악기 연주자들이 레스토랑 정 가운데에 자리를 잡고 잔잔한 찬양연주를 하고 있었는데 그들이 연주하고 있는 장소가 아주 느리게 회전하고 있었다.

한쪽 벽면에는 인공폭포가 있었는데 나이아가라 폭포와 같이 넓이가 꽤 되었다. 그러나 음악소리나 대화를 방해하지 않게 하려는지 폭포의 물소리는 이따금씩 들려왔다. 조명은 열기구 풍선을 띄워 놓은 듯 크고 작은 둥근 조명기구들이 공중에 대롱대롱 떠서 사방을 밝히고 있었는데 일곱 색깔 무지개 색을 연출했다.

의자와 식탁들은 모두 원목이었는데 식탁의 테두리와 의자의 등받이 디자인이 일률적이지 않았다. 특별한 장인의 손에 의해 제작되었음을 충분히 대변하는 섬세하고 날렵한 조각 무늬들이 식탁의 테두리를 둘렀는데 식탁이라기보다는 오히려 작품에 가까웠다.

의자 등받이도 일일이 조각칼로 파고 후빈 흔적을 지니고 있었다. 이곳저곳 의자들을 성도가 둘러보는데 동일한 무늬를 찾아볼 수가 없었다. 성도는 불현듯 궁금했던지 식탁 아래로 손을 뻗어 힘을 주어 그것을 들어보려 했다. 하지만 원목의 엄청난 무게는 꿈쩍도 하지 않았다. 성도가 속으로 말했다.

'와우! 이런 무게의 단단한 나무를 단지 조각칼만으로 어떻게 이런 멋진 무늬를 만든 것이지? 이곳은 정말 모든 것이 경이롭다!'

성도는 식탁 가장자리에 새겨진 문양을 여기저기 둘러보다 마지막 만찬을 주제로 테이블의 둥그런 바깥을 장식한 곳을 발견하고는 그곳에 앉았다. 식탁 가운데에는 장미꽃과 카네이션을 닮은 꽃 서너 송이가 투명한 꽃병에 꽂혀있었다.

"이 작품을 좋아하시는군요. 성도님은!"

"예, 아마도 제일 많이 봐왔던 작품이라서 친숙하게 와 닿아요. 의자 무늬도 마음에 들고요."

성도가 테이블의 바깥 장식을 손가락으로 매만지면서 대답했다. 한편 성도가 앉은 의자 등받이에는 양 몇 마리가 조각되어 있었다. 잠시 후 밝은 흰색 와이셔츠에 보라색 나비넥타이를 맨 호리호리한 신사가 접시 두 개를 양손에 들고 왔다.

"송아지 고기 스테이크랍니다. 맛있게 드세요. 성도님."

"감사합니다. 잘 먹겠습니다."

돌아가는 레스토랑매니저의 뒷모습을 바라보며 성도가 하영에게 미소 가득한 얼굴로 말했다.

"여기는 모든 것이 자동이라 너무 좋아요. 무엇을 고르거나 해서 고민하질 않잖아요. 또 음식 맛은 얼마나 좋은지…… 하영님, 혹시나 해서 묻고 싶은데요. 다른 주제로 박람회가 또 열린다면 그때도 초대해 주실 수 있을까요?"

성도가 하영의 눈치를 조심스럽게 살피면서 슬며시 물었다.

"그 정도로 맘에 드신다니 다행입니다. 그런데 아쉽지만 성도님
은 이번이 처음이자 마지막이랍니다. 하지만 언젠가는 지금의 이것
들보다 더 멋지고 더 좋은 곳에서 영원히 누리게 될 것입니다. 이
곳에서는 지극히 높은 곳에 계신 분의 은혜를 단지 조금 체험할
뿐이랍니다."

성도가 못내 아쉬워하는 씁쓸한 표정을 지었다. 그들은 성경의
어떤 주제로 도란도란 담화를 나누며 식사를 했지만 커다란 스테
이크가 순식간에 사라졌다. 잠시 후 이번에는 레스토랑매니저가 신
선한 수박과 복숭아를 후식으로 가져왔다. 그들이 신선한 과일로
입을 헹구고 있는 사이 그들과 조금 떨어진 저쪽 편에서 식사를
하던 사람이 성도 쪽으로 다가왔다, 그의 나이는 성도보다 조금 더
들어 보였다. 그의 손에는 커피 잔이 들려 있었다.

"반갑습니다. 저는 오두기라고 합니다. 잠시 합석해도 괜찮을는
지요?"

"예, 괜찮습니다. 반갑습니다. 저는 하성도라고 합니다."

"초면에 실례인 줄 알지만 궁금하기도 하고 다른 사람들의 생각
을 참고하고 싶기도 해서 실례를 무릅쓰고 왔습니다."

"괜찮습니다, 말씀하세요."

"감사합니다. 혹시 성도님은 은혜라는 단어를 어떻게 이해하고
있나요?"

성도는 아주 잠깐이지만 골똘한 생각에 빠졌다. 성도는 지금까

지 박람회장에서 보고 느꼈던 것들을 떠올리고 있었다.

"저의 경우에서라면 은혜란 측량 못할 하나님의 호의라고 말씀드릴 수 있습니다."

"음, 그렇군요. 저도 그 표현에 동감합니다. 그런데 저의 경우라면 성도님의 표현에다 이런 추가를 하고 싶은 생각이 듭니다. 하나님의 호의로 끝까지 변함없는 하나님의 사랑이라고요. 성도님은 이것을 어떻게 생각하세요?"

"옳습니다. 변함없는 사랑. 저보다도 더 좋은 표현입니다. 그런데 궁금하군요. 은혜를 그렇게 정의하려는 이유가 무엇인지를요?"

"아, 그것은요. 실은 제가 심신미약 환자처럼 아주 고질적인 약한 마음을 가지고 있어요. 그래서인지 무엇을 선택하는 것이 저에겐 무척이나 부담되었는데 마치 결정 장애처럼 심각할 정도랍니다. 다른 이들에게는 단순하고 아무렇지도 않게 여기는 것조차도 이것저것 엄청 많은 것을 재보곤 한답니다. 결과적으로 거의 모든 문제들을 제 스스로의 결정보다는 다른 사람의 말을 경청하고 피드백을 얻은 후에 처리하는 경우가 대부분이랍니다."

"실례일지 모르지만 저의 개인적인 판단으론 그것이 그리 나쁜 습관 같아 보이진 않습니다."

"그러나 그렇지 못하답니다."

"……"

성도는 대답대신 잘 이해가 되지 않는다는 표정을 지어보였다.

"다른 사람들의 말을 경청하다보면 기독교인뿐만 아니라 사업적으로 특출한 비기독교 사람들도 다수가 있어요."

"아아, 그럼 신앙과 사업을 따로 떨어뜨려서 결정하시는 것이 문제라는 것이군요?"

"그럴 수도 있겠죠. 그러나 꼭 그런 것만도 아니랍니다."

"그럼 무엇이……"

"비기독교인 사업가들은 딱 잘라서 신앙을 버리라고는 안 합니다. 왜냐면 의지적인 측면에서 약간의 도움이 될 거라는 이유였죠. 저는 사업상 문제들에 대해 우선적으로 기도를 한답니다. 그리곤 기도 후에 비기독교인 사업가들을 만나거나 하게 되면 그들은 그들이 지닌 탁월한 사업적 경험을 제게 들려주죠. 물론 그들은 신앙적 양심과는 다소 동떨어져 있기는 하지만요. 하지만 그때에 저는 그것을 혹시나 하는 마음에서 기도의 응답으로 여기기도 했답니다. 왜냐하면 그들의 조언은 매우 그럴듯했죠. 내가 생각했던 것과 일치되는 것이 워낙 많았거든요. 하지만 결과는 신통치 못했답니다."

"믿음과 현실의 격차 속에서 혼란을 겪으신 것이군요!"

"그러나 꼭 그런 것만도 아니랍니다. 제 주변에는 신앙이 특출한 사업가들도 있었거든요."

"그럼 주로 그 분들과 의견을 나누셨다면 더 좋은 결과가 나오지 않았을까요?"

"어휴! 그렇지 못했답니다."

오두기가 양 손을 들어 좌우로 크게 흔들어 대면서 대답했다.

"그들의 조언을 얻어 결정을 해도 결과는 역시 신통치 못했어요. 어쨌거나 이래저래 망하고 다시 일어서고 했던 경험이 이번으로 열 번째랍니다."

오두기가 한숨을 내쉬며 말을 멈추자 성도가 말을 가로챘다.

"그렇군요. 맘고생을 많이 하셨겠습니다. 그래도 능력이 대단하십니다. 아홉 번씩이나 넘어진 사업을 다시 일으켰다니요!"

"그래서 제가 은혜를 그렇게 표현했던 것입니다. 저로서는 할 수 없을 것 같았는데 그래도 다시 일어설 수 있는 기회를 하나님께서 만들어 주셨거든요. 사업자체를 아예 포기하려했는데 어디선가 도울 사람이 나타났고 다시 무언가를 시작할 수 있는 조건들도 맞춰졌어요."

"참 잘된 일입니다."

"그렇죠! 그런데 말이죠. 아홉 번의 사업이 망한 이유들은 각양각색이었어요. 제가 실수한 것도 있고, 남에 의해 그런 것도 있고, 동업을 하다가 망한 것도 있고…… 삶은 역경이었지만 그래도 제게서 변함이 없었던 것은 신앙이었죠. 원체 심신미약이어서 인지도 모를 일이지만 하나님 곁을 떠난다는 것은 절대로 못하겠더라고요. 그래서 하나님께 무릎을 꿇게 된다면 또 다시 무언가를 할 수 있는 조건들이 생겨나고 했던 것이죠."

"하나님의 은혜 아니 변함없으신 하나님의 사랑이군요."

"맞아요. 이곳에 와서 확실하게 알게 된 것이 바로 그것입니다. 저 같으면 저 같은 유형의 겁쟁이나 변덕쟁이를 도와주거나 할 때에 거의 비슷한 유형으로 몇 번의 실패를 겪게 된다면 어느 시점에 이르러서는 포기할 만도 할 것입니다. 그러나 하나님은 결코 그렇게 하시질 않았다는 것입니다.

그뿐만 아니라 제게 다시금 일할 기회를 주실 때에는 일어설 용기까지도 덤으로 주셨어요. 하나님은 당신보다 사람을 더 의지했던 저의 실수마저 탓하지 않으셨죠. 그래서 생각해 봤어요. 나는 여반 장처럼 쉽게 들쑥날쑥 하는데 하나님은 전혀 요동하지 않는 거대한 산과 같다고요……"

오두기는 한동안 손수건으로 눈물을 훔쳐냈다. 성도는 그를 측은한 눈빛으로 바라만 보았다. 눈물을 다 닦아낸 오두기가 자리에서 일어나 성도에게 인사를 하곤 그의 안내자가 앉아있는 곳으로 돌아갔다.

그가 떠나간 뒤 성도는 그의 말을 곱씹어 보았다. 그가 정의하던 은혜가 좋은 표현이긴 하지만 성도에게는 썩 와 닿지 않았던 것처럼 느껴졌는지 오두기의 말을 어떻게든 이해하려고 애쓰는 눈치였다. 오두기가 혹시 곤란스러워 할까봐서 일부러 자리를 피해주었던 하영이 성도에게 다가와 말을 걸며 의자에 앉았다.

"성도님. 지극히 거룩하시고 높으신 분의 은혜는 신자들의 경험 유형에 따라 얼마든지 정의가 달라질 수 있답니다. 꼭 이것 하나만이 정답이라고 우길 만한 성질이 아니라는 것입니다. 오두기님은 약한 마음을 지니고 있어서 상대적으로 요동치 않으시는 지극히 거룩하신 분의 모습에 감탄과 경의를 표하면서 그것이 은혜로 그분에게 친숙하게 다가갔던 것입니다."

"하영님의 말씀을 듣고 보니 그런 것 같군요. 하나님의 호의. 맞습니다. 저는 호의라는 단어를 무척 좋아했어요. 타인에게로부터 받는 호의뿐만 아니라 제가 타인에게 베푸는 호의도 좋아합니다. 아마도 이것에 합당한 이유라면 제가 지금까지 살아온 날들 중에 호의에 대한 경험이 거의 없었다는 것입니다. 그래서 하나님께서 저를 향하신 호의라는 말이 처음에는 어색할 정도였어요. 그러나 점차 하나님 아버지 은혜의 깊이에 빠져들면서 친숙해졌죠."

"비록 사람들이 자기들의 삶과 연관 지어서 하나님의 은혜를 다르게 정의한다할지라도 성경에서 아주 벗어난 것이라고 여길 수는 없답니다. 지극히 거룩하시고 높으신 분은 택한 자녀들이 지닌 각각의 고유한 성격과 인격을 결코 무시하지 않으실 뿐만 아니라 오히려 그것들을 알맞게 사용하시는 특출한 지혜를 지니고 계시죠. 어떻게든 은혜를 신자들이 올바르게 이해하도록 계속적으로 설득하시는데 결과적으로 지극히 높으신 분께서 받으실 영광을 위해서랍니다. 그리고 지극히 높으신 분이 받으신 영광은 고스란히 신자들의 영광으로 되돌아온답니다."

"그렇군요. 잠언에서 보면 의인은 일곱 번 넘어져도 다시 일어난다고 하였는데 모두 여기에 속한다고 볼 것은 아니겠죠. 일곱 번보다 더할 수도 덜할 수도 있을 겁니다. 다만 핵심적이면서 공통적이라면 다시 일어난다는 것이겠죠. 우리는 방법적인 것에만 주안점을 둔 나머지 하나님께서 일으켜 세웠던 서로 다른 경험을 마치 그것만이 진리인양 여기며 자랑삼는 우를 범하곤 하죠. 하지만 오직 아바 아버지께서 세우는 결과라는 것을 겸허하게 수용할 줄 안다면 고집부릴 것은 하나도 없을 것 같아요."

성도의 대답이 맘에 들었는지 하영이 고개를 한 번 끄덕이더니 미소를 크게 지어 보이며 엄지손가락을 추켜세웠다.

그들 대화가 어느 정도 막바지에 이르자 하영이 자리에서 일어났다. 그리고는 가자는 시늉으로 허리를 굽히면서 팔을 위에서 아래로 곡선을 그리며 내렸다. 다음 관람 장소를 향해 하영이 앞섰고 성도가 뒤를 따랐다. 조용히 뒤따르던 성도가 별안간 손가락을 튕기며 딱 소리를 냈다. 생각에 곰곰이 빠져 있던 성도가 무언가를 알아챌 때 하던 일상적인 행동이었다.

'조금 전 그분이 자기를 소개할 때 오두기라고 했던 이유가 이것이었구나! 아홉 번씩이나 넘어졌지만 또 다시 우뚝 일어설 수 있다는 가능성.'

3. 영화롭게 하심

3-1. FEEDBACK ROOM

하영이 말했던 오늘의 인생박람회 마지막 관람코스 진입로에 두 사람이 도착했다. 그들 앞에는 양쪽기둥이 꽤나 두툼한 문 하나가 달랑 세워져 있었다. 문기둥 좌우에는 금을 쳐서 만든 그리스어 대문자가 영롱한 빛을 띠고 박혀있었다.

"성도님, 저 글자들이 무엇인지 알고 계시죠?"

"물론이죠. 문 오른쪽에 있는 것은 알파이고 왼쪽은 오메가네요. 근데 저것이 진짜 금인가요?"

"그렇습니다."

문 위에는 타원형 조각목이 고리 두 개를 의지한 채로 걸려 있었다. 그곳에는 'FEEDBACK ROOM'이라는 글자가 멋들어진 필기체로 적혀 있었다.

"피드백 룸이라! 이곳은 실험을 하는 곳인가요?"

성도가 의아스럽다는 표정을 짓고선 하영에게 물었다.

"글쎄요......."

하영이 평소와 다르게 말 뒤끝을 흐리며 대답했다.

나무대문 이후로 이어진 길은 구름무늬 대리석이 번쩍이는 빛을 내면서 깔려 있었다. 성도와 하영은 나란히 걸어서 들어갔다. 살짝 굽어진 모퉁이 길을 돌아서는데 고대 고딕건축물이 그들 앞에 휘황찬란하고 장엄한 모습으로 등장을 했다. 그 건물은 외장이 모두

금으로 덮여있었는데 높이가 무려 10층은 되어 보였다.

"이곳은 교회 같아 보여요. 하영님."

"그것처럼 보이긴 하지만 일반건축물이랍니다."

성도는 건물에 다가가서 신기한 듯 손바닥으로 벽면을 문질러 보았다.

"이것 모두 진짜 금이 맞아요?"

"예, 맞습니다. 순금입니다."

"와우! 그럼 금 집이네요. 여기는 어떤 곳인가요?"

"제가 설명하면 시간이 많이 걸릴 테니 직접 들어가셔서 확인해 보시면 알게 될 것입니다."

하영이 눈웃음을 살짝 지어보이며 대답했다.

"알겠습니다. 그럼 가시죠."

온통 금으로 둘러싸인 탓인지 모를 일이지만 건물에 호기심이 발동한 성도가 먼저 앞서 나갔다. 그때 하영이 성도를 별안간 불러 세웠다.

"성도님. 여기부터는 성도님 혼자 가셔야 합니다. 저의 안내 역할은 여기까지랍니다."

"예! 아니 왜요?"

성도가 화들짝 놀란 표정으로 물었다.

"……"

하영은 아무 말 없이 성도만 바라보고 서 있었다.

"다시 볼 수는 있는 거죠. 하영님?"

"성도님은 저를 못 보시겠지만 저는 성도님을 계속해서 보고 있답니다. 물론 지극히 거룩하신 분께서 허락을 해주셔야 되겠지만 요."

"아쉽군요!"

"언젠가는 천상에서 영원히 함께 할 수 있는 때가 오겠죠. 허나 그곳에는 저보다도 훨씬 멋지고, 아름답고, 친절한 분들이 더 많답 니다."

하영이 양 팔을 들어 크게 원을 그리며 대답했다. 성도는 섭섭 하기도 하고 도저히 믿기지 않는다는 듯 양 어깨를 축 늘어뜨린 채로 하영의 얼굴만 바라보고 서 있었다. 하영이 계속해서 말을 이 었다.

"성도님. 은혜로우신 어린양께서 제일 마지막에 이르러 성도님에 게 전하라고 하신 말씀을 이제 전해드리겠습니다. '너는 가서 모든 족속으로 제자를 삼아 아버지와 아들과 성령의 이름으로 세례를 주고 내가 너에게 분부한 모든 것을 가르쳐 지키게 하라. 내가 세 상 끝날 까지 너와 항상 함께 있으리라' 이렇게 말씀하셨습니다."

"아멘. 감사해요. 하영님."

성도와 하영이 깊은 포옹을 한참동안 했다. 하영이 먼저 성도의 어깨에서 손을 뗐다. 잠시 후 성도도 하영에게서 떨어졌다. 하영 이 뒷걸음으로 두어 발 물러났다. 그는 헤어짐의 인사로 손을 들어 흔들었다. 성도는 하영에게 고개 깊숙이 숙여 정중하게 그동안의 고마움을 표시했다. 성도가 고개를 들고 하영을 다시 바라보려는데 하영이 보이질 않았다.

성도는 한동안 하영이 있던 곳을 바라보았다. 눈에는 약간의 눈물이 글썽인 채로……

얼마 후 눈물을 한 번 훔쳐낸 성도가 온통 금으로 입혀진 건물의 육중한 나무 현관문을 힘주어 밀고 들어가려 했다. 그런데 외장으로만 보았을 땐 꽤나 무거울 것 같아 보이던 거대한 원목나무로 만들어진 문이 자동으로 슬며시 열려졌다.

건물 안으로 들어선 성도의 정면에는 안내 데스크가 있었다. 데스크 위쪽에는 천장으로부터 늘어뜨린 금 사슬에 네온사인이 매달려있었다. 네온사인은 흰색으로 '하성도의 성년기'라는 글자가 표시되어 있었다. 안내 데스크에 있던 흰색의 원피스에 자주색 카디건을 걸친 여성이 성도를 보곤 공손하게 인사를 하며 말했다.

"어서 오세요. 하성도님. 기다리고 있었습니다. 지금까지의 관람은 유익하셨는지요?"

"예, 너무 좋았습니다."

긴장한 구석이 전혀 없는 듯 성도는 밝은 어조로 대답을 했다.

"그렇군요. 저도 덩달아 기분이 좋아집니다. 안내를 해 드리겠습니다. 여기서는 세 곳의 방에 들어가셔서 관람을 하게 된답니다. 오른쪽 첫 번째 방부터 순서적으로 들리시면 됩니다. 맨 처음 방의 문에는 믿음이라 적혀 있고 그 다음은 소망, 그 다음은 사랑이라고 표기되어 있습니다. 모든 방을 방문하신 후에는 2층과 연결된 계단이 있는데 그곳을 오르시면 됩니다. 참고로 방에서 나오신 후 잠시 휴식을 원한다면 각각의 방 앞에 놓여 있는 푹신한 소파를 이용하면 됩니다. 소파 옆에는 자동판매기가 있습니다. 사용법은 이미 알고 계시죠?"

"예, 잘 알고 있습니다."

"그럼 이곳에서도 즐거운 시간되세요."

"감사합니다. 그런데 선생님. 궁금한 것이 있는데요?"

"예, 성도님. 말씀하세요."

"이곳의 네온사인은 흰색 글씨로 표시되어 있네요. 여기 오기까지 들른 곳에서는 모두 붉은색으로 표시되어 있었어요. 혹시 차이가 무엇인지 알려 주실 수 있나요?"

"그것이 궁금하셨군요. 그것은 귀하신 어린 양의 피와 관계가 있습니다. 어린 양의 피로 씻음을 받았음에도 불구하고 그 사실을 이해한다거나 전혀 알지 못하는 분들에게서는 붉은색으로 표기가 됩니다. 그러나 거룩하신 어린 양의 피로서 죄 사함을 얻었다는 사실을 인지하고 난 후, 확고부동한 믿음을 소유하게 된 분들은 거룩함을 향해 나아가게 되므로 흰색으로 바꾸어져서 표기된답니다. 겸손한 어린 양께서 아주 오래전 열두 명 제자들의 발을 씻겨주신 것처럼 말이죠. 성도님의 전체 몸이 이미 깨끗해졌기 때문에 발만 유의하시면 되는 것과 동일합니다."

"명쾌한 설명에 감사드립니다."

성도가 자주색 카디건을 걸친 안내원에게 깍듯하게 인사를 했다. 첫 번째 방문할 장소인 믿음이라 적힌 방 앞에 성도가 다가섰다. 문짝은 두 개였다. 문고리나 손잡이는 보이지 않았다. '밀고 들어오시오'라는 글자가 오른쪽 문짝 중앙에 적혀 있었다.

성도가 양쪽 문에 손바닥을 대고 적당한 힘을 주면서 밀고 안으로 들어섰다. 방안에는 온갖 꽃들이 만발한 채로 알록달록 가득 채워져 있었다. 그곳의 꽃들은 세상에서 단 한 번도 구경해 보거나 인터넷에서 조차도 발견할 수 없는 것들이 대부분이었다. 박람회 출입구에서 꽃다발을 목에 걸을 때 맡았던 꽃향내가 성도의 코를 또 다시 자극해 왔다.

성도가 잠시 두 눈을 살포시 감고 기분 좋은 꽃향기에 맘껏 취했다. 꽃밭 중앙을 가로지르는 길에는 자칫 부주의하면 미끄러져 넘어질 것 같은 깔끔한 순백색 대리석이 빛을 내고 깔려 있었다. 대리석 위에 조심스럽게 발을 옮기면서 성도는 고개를 좌우로 돌려 이름 모를 아름드리 꽃들에 마음이 뺏긴 채 연실 감탄만 해대었다. 그는 아주 천천히 방 안쪽으로 발걸음을 옮겼다.

성도는 오롯이 꽃들에만 정신이 팔려 앞쪽에 책상과 의자가 놓여 있는 것조차도 몰랐다. 하마터면 그것들과 부딪칠 뻔 했다. 성도는 책상 위에 글자가 써져 있는 큼지막한 종이를 발견했다. 그곳에는 "이곳에 앉으시오."라고 적혀 있었다. 성도가 착석을 했다. 이내 어딘가에서 굵은 톤의 남자음성이 들려왔다.

"이 학교에 지원하신 동기는 무엇입니까?"

순간 성도는 이 물음이 하늘신학대학교에 원서를 접수 한 뒤 면접 과정에서 제일 처음 들었던 질문이고 그 당시와 비슷한 음성이라는 생각이 머릿속을 스쳐 지나갔다. 하지만 성도는 그 때의 기억이라고도 할 것 없이 거의 반사적으로 즉각적인 대답을 했다.

"제가 고등학생 시절에 세례를 받았는데 그 직후로 주님의 종이 되겠다는 기도를 했습니다. 그러나 생업을 위해 곧바로 신학공부를 하지 못했고 갑작스런 결정으로 이제 서야 오게 되었는데 마침 얼마 전 꿈을 꾸었습니다. 제가 어떤 학교를 방문하는 꿈이었습니다. 이곳을 지원하기 위해 방문했을 때 사실 저도 놀랐습니다. 꿈속에서 본 학교의 구조나 길의 생김새가 이곳과 거의 똑같았기 때문입니다. 그래서 이곳 학교뿐만 아니라 제가 신학공부를 하는 것이 하나님의 섭리라 여겨 지원을 결정하게 되었습니다."

"그럼 목회를 위한 목적으로 학교지원을 하신 것인가요?"

"송구하지만 꼭 그렇진 않습니다. 세례를 받은 후에 신학교에 가겠다고 하나님과 약속의 기도를 했던 때가 있었습니다. 지금까지 하는 일마다 막힌 차에 어느 날 이것이 갑작스레 떠올랐고 단지 하나님과의 약속을 지키기 위해 온 것이라는 것이 이유로 타당합니다."

"알겠습니다. 혹시 신앙을 가지게 된 결정적인 이유를 간단히 말해 주시겠어요?"

"교회에 발을 디디기 전 불안한 가정형편으로 미움만이 가득 차 있어서 교회나 기독교에 대해 호의적이지 못했습니다. 그러다 중학생시절에 결정적인 계기를 얻게 되었습니다. 가출로 하룻밤 신세를 졌던 상가교회의 전도사님으로부터 교회 출석 권유를 받게 되었습니다.

처음에는 그분이 누군지 몰랐습니다. 그 상가 앞을 지나는 날이면 신기하게도 전도지를 나누어 주던 전도사님을 항상 만났던 것입니다. 교회 출석 권유에 대한 약속 불이행을 세 번씩이나 하고 난 뒤에 덜컥 미안한 마음이 들었습니다. 드디어는 약속을 지키려고 교회에 발을 디디게 되었는데 그것이 어느새 지금에까지 이르게 되었던 것입니다.

곰곰이 돌아보니 제가 신앙을 가지게 된 것은 나의 의지라기보다는 오직 하나님의 일방적인 이끌림이었던 것 같습니다. 저는 그것을 은혜라 말하고 싶습니다. 나의 나 된 것은 모든 것이 주님의 은혜입니다."

"그렇군요. 잘 알겠습니다. 처음에는 그렇지 못하다고 했는데 무엇이 그리도 교회 출입을 방해했던 것인가요?"

"폭력적인 부친을 향한 강렬한 미움이 있었습니다. 그리고 불완전했던 가정문제로 홀로서기를 경험하면서 저는 이른바 문제의 청소년이라 불리는 아이들과 마음이 통하게 되었고 어느새 그 삶을 즐기게 되었습니다. 말썽꾸러기에게 교회는 어울리지 않는다고 생각했습니다."

"알겠습니다. 혹시 그 당시의 미움이나 버릇을 지금도 지니고 있는지요?"

"예, 있습니다."

"무엇인지 말해 줄 수 있습니까?"

"미움은 사라졌지만 음주와 흡연은 아직 남겨져 있습니다."

"그것들을 어떻게 할 의향인가요? 목회에 지장을 주는 것이라면 단호히 배격할 용의는 있는지요?"

"잘 될지는 모르지만 노력을 해보려고 합니다."

"솔직한 면면이 좋습니다. 수고하셨습니다."

성도가 대답을 마치자마자 거대한 팡파르 소리가 방안에 진동을 일으켰다. 곧이어 교향악단의 승리행진곡 연주와 합창소리도 들려왔다. 음악소리에 맞추어 방 안의 모든 꽃들도 춤을 추는 것처럼 하늘하늘 흔들렸다. 성도는 꽃들을 바라보며 미소를 지었다. 우렁찬 찬양과 연주 그리고 꽃들의 하늘거림과 그로인한 짙은 꽃향내가 성도는 마치 자기를 축하하고 반기는 환호성으로 느껴졌는지 성도의 눈에는 감격의 눈물마저 글썽였다. 출입문 앞에 멈춰선 성도가 중얼거렸다.

"그래. 앞으로는 꽃길뿐이야. 주님과 함께라면 그 어디든 꽃길이지."

성도가 믿음의 방문을 밖으로 밀어 열려고 양손을 문에 가져다 대려는데 면접관의 음성이 다시 들려왔다.

"어린 양이 갔던 길이 꽃길이었다. 그 꽃길을 그대로 따라가거라!"

복도로 나온 성도의 눈 정면에 자동판매기가 보였다. 자판기의 매력을 또다시 체험하고 싶은 충동에 성도는 거의 무의식적으로 그것을 향해 발걸음을 옮겼다. 박람회 레스토랑에서 맛본 송아지 스테이크가 아직까지 소화가 덜되었던지 성도는 자판기 앞에서 잠시 머뭇거렸다. 그러나 이내 자판기 버튼에 손가락을 가져다 댔다.

자판기 버튼은 성도가 누르기도 전에 알아서 눌려졌다. 몇 초 후에 그의 머릿속에 있던 김이 모락모락 올라올 정도로 뜨끈하고 향이 아주 깊은 쌀국수가 나왔다는 알람소리가 울렸다. 쌀국수 위에는 성도가 평소 즐겨 먹던 고수도 적당히 올라와 있었는데 성도는 자동판매기의 섬세함에 다시 한 번 놀랐다. 성도는 딱 적당한 양의 쌀국수로 다시금 배를 든든히 채운 뒤에 소망이라 적힌 두 번째 방의 문을 활짝 열었다.

소망의 방은 첫 번 방보다 넓으나 높이 규모가 제법 큰 것 같았는데 텅 비어 있는 상태였다. 방에 들어선 성도의 눈에 밝은 빛 외에 딱히 들어오는 것이 하나도 없었다. 그가 일단 한 발을 방 안으로 조심스럽게 내딛는데 그의 몸이 공중으로 떠오르기 시작했다. 처음 공중에 뜨면서 성도는 공중에서 눕다 서다를 반복했다.

이윽고 어느 정도 떠오르자 꿈속에서 하늘을 날아다닐 때처럼 몸이 자유자재로 공간을 가로질렀다. 그런데 경이롭게도 공간을 가로지르는 원동력은 다름이 아니라 성도의 생각이었다. 성도가 직진을 생각하면 곧바로 나아갔고 상승을 생각하면 위로 향했다. 원을 그리고자 하면 빙그르르 회전을 하며 날아다녔다.

그러던 중 성도의 시선이 지상을 향했는데 무엇인가 바닥에 널브러져 있는 것들이 보였다. 성도가 지면에 가까이 내려가 보니 담뱃갑들과 술병들이 여기저기 나뒹굴고 있었다. 그것들을 본 성도가 무엇을 알아차렸는지 고개를 끄덕여 보였다.

'아하! 이것들을 모두 내 몸에서 떼어 버렸더니 내 몸이 이토록 날듯이 가벼워진 것이었구나. 저것들이 내 몸무게보다 더 가벼울 텐데 오히려 상대적으로 무거워 땅바닥에 놓여 있었네. 본질이 아니라 상태의 차이였구나!'

성도는 다시 하늘을 향해 일직선으로 치솟았다. 얼마간 오른 후 잠시 멈춰 선 채 아래를 내려다보는데 이번에는 저 밑에 고즈넉한 집 한 채가 성도의 호기심을 자극했다. 천천히 하강을 해서 집 가까이 다가가 보니 하영과 등산을 하면서 보았던 그 산당이었다. 성도는 이것이 왜 또 여기에 있을까를 고민하며 바라보았다. 그런데 그것이 순식간에 위로부터 서서히 무너져 내리더니 아예 티끌이 되어 자리에 쌓였다. 그리곤 이내 아무런 흔적도 남기지 않고 어디론가 모두 날아가 버렸다. 산당이 있던 자리가 말끔해졌다. 이것을 바라보던 성도가 양 팔을 번쩍 들고 큰 소리로 외쳤다.

"그렇다. 난 이제 자유하다. 이 세상 그 무엇에도 얽매이지 않고 완전 자유하다!"

그때였다. 수많은 사람들이 내는 우렁찬 박수소리가 성도의 귀에 메아리쳐 왔다. 박수소리 외에도 응원과 격려 할 때에 내는 함성과 휘파람 소리도 섞여 들려왔다. 들려오는 함성과 박수소리에 성도가 잠시 동안 어리둥절해 하는데 들려왔던 소리들이 점차 사라져 가면서 성도의 몸이 거의 자동적으로 소망 방의 출입구를 향했다. 공중을 날던 성도가 출입문 앞에 사뿐히 내려섰다.

하늘비행을 하던 두 번째 방을 나온 성도가 지체 없이 세 번째 사랑이라 적힌 방문을 밀고 들어갔다. 아무런 장치가 없는 대낮같이 환한 방 중앙에는 둥그런 원탁이 덩그러니 놓여 있었고 그것 위에는 성경책 한 권이 가지런하게 자리하고 있었다.

성도가 조심스럽게 원탁으로 다가가서 성경책을 내려다보았다. 그때 나지막한 음성이 들려왔다. 탁자 위에 놓여 있는 성경책을 뜯어서 먹으라는 것이었다. 성도는 다소 의아해하며 주저했지만 말대로 해야 할 것을 직감적으로 느꼈다. 성경책의 겉표지를 뜯기 위해 손을 가져갔다. 성도가 딱히 강한 힘을 주지 않았는데도 성경책이 잘 뜯겨져서 성도는 적잖이 놀라는 눈치였다. 성경책의 겉표지를 손에 들고 그것을 바라보면서 성도는 잠시 생각해 보았다.

'먹으라고 하니 먹겠지만 내가 잘못 들은 것은 아니겠지!'

성도는 뜯어낸 성경 겉표지 끝부분 조금을 조심스럽게 입에 넣고 물었다. 생각 외로 성경 겉표지가 이빨에 잘 잘려 나왔고 입안에 들어간 성경 쪼가리는 이내 스르르 녹아버렸다. 맛이 특별했던지 성도의 실눈이 놀란 토끼눈처럼 둥그렇게 떠졌다.

'마치 솜사탕 같네!'

성경의 달콤한 맛에 성도는 성경 한 권을 그 자리에서 뚝딱 해치웠다. 마지막 부분을 씹고 난 뒤 입안에 있던 모든 것을 다 삼켰을 때였다. 성도 앞에 거대한 날개를 달고 눈부신 흰 옷을 입은 사람이 등장하더니 성도를 향해 말했다.

"네가 말씀을 먹었으니 너는 가서 지극히 거룩하시고 높으신 분께서 너에게 주신 말씀을 전파하라."

성도는 그의 위엄에 크게 놀라워하며 곧바로 그 앞에 무릎을 꿇었고 고개마저 숙였다. 무슨 말을 해보려했지만 입이 마음대로 움직이질 않았다. 몇 초간 그런 상태로 성도가 있었다.

잠시 후 앞에 있던 위엄스런 인물이 성도에게 다가와 그의 머리를 쓰다듬었다. 그러자 놀라운 일이 벌어졌다. 성도가 성경의 맨 첫 문장을 시작으로 모든 성경구절을 막힘없이 줄줄 외워서 읽어 내려가는 것이었다. 이윽고 성경을 모두 외우고 난 성도가 혼잣말을 했다.

"성경이 우리에게 알려주려는 핵심이 이것이었어! 하나님께서 우리에게 베푸신 은혜! 성경은 실로 은혜의 책이야!"

3-2. 화해

1층 관람을 다 마친 성도가 2층으로 향하는 계단에 발을 올렸다. 2층은 통으로 된 구조였다. 기둥하나 보이지 않았고 막혀진 곳도 없어서 시원스러웠다. 그 넓고 훤한 곳 정 중앙에 병상침대 하나만이 놓여 있었다. 그 위에는 누군가가 누워 있었다.

성도는 병상침대로 천천히 발걸음을 옮겼다. 침대에는 종양을 제거하는 수술을 받고 난 후 병실로 옮겨져 있던 성도아버지가 잠을 자고 있었다. 성도는 작금의 상황을 바로 알아챘다. 성도와 그의 아버지가 화해를 하던 그리고 성도아버지가 받았던 영광이 재현되고 있었다.

그러나 다른 점도 있었는데 그것은 당시에 성도가 목격하지 못했던 장면이었다. 성도가 서 있던 오른쪽으로는 흰옷을 입은 사람이 붙어 서 있었다. 왼편으론 검은 옷을 걸친 이가 성도의 매우가까이 서 있었다. 그러나 성도는 좌우 양편에 있는 존재들일랑은 전혀 인식하지 못하고 있었다. 먼저 검은 옷을 입은 이가 성도의 귀에 그의 입을 가까이 가져다 대더니 작은 소리였지만 군데군데 억양을 강하게 하며 소곤거렸다.

"뭐 하러 그 먼 곳을 가려고해. 너희 아버지가 너의 병문안을 받을 만한 위인이나 돼?"

이번에는 흰 옷을 입은 남성이 성도를 향해 부드러운 어조로 말을 했다.

"어찌되었든 너의 부친이셔. 그러면 안 되지. 인생길 마지막 배

웅이니만큼 찾아뵈는 것이 옳아.”

다시 검은 옷을 걸친 사내가 거칠게 말을 걸어 왔다.

“생각해봐. 지금껏 너한테 남겨둔 것이 뭐가 있어. 평생 지우지 못할 상처만 잔뜩 안겨 줬잖아.”

그 말을 듣고 있던 성도의 얼굴이 붉으락푸르락 했다.

곧이어 흰옷을 입은 남성이 차분하게 말을 해왔다.

“그러나 그 경험들이 오히려 네가 목회자의 길을 가게 하는데 결정적인 역할을 기여했잖아. 인생의 아픔이 무엇인지를 잘 알고 있는 너는 동일한 아픔을 가진 다른 이들의 감정을 공유하면서 그들을 돌보고 치유해 줄 수 있으니 얼마나 좋은 일이야.”

성도의 얼굴이 다시 평온을 되찾는 것처럼 보였다.

그러려니 다시 검은 옷의 사람이 날카롭게 말한다.

“호주가 어디야. 그 먼 곳까지 날아가려면 시간도 돈도 많이 필요한데 뭐 하러 그런 일 따위에 너의 생명 같은 돈하고 아까운 시간을 버리려고 그래!”

이어 흰옷의 남성이 또박또박 말해왔다.

“쓰기는 네가 쓰는 것이겠지만 그것은 하나님의 이름으로 행하는 선행이니만큼 하나님께서 빚을 지게 되는 것이기 때문에 언제든 하나님께서 채워주실 거야. 걱정 마. 사랑이 풍성한 어린 양께서는 너의 방문을 기대하고 계셔!”

이쯤에서 성도는 갈팡질팡하던 마음의 결정을 내렸다. 곧 임종을 맞이할 아버지를 찾아뵙는 쪽을 선택했다. 성도는 비행기에 탑승해서 호주로 가는 동안 눈을 감고 묵상하는 시간을 가졌었는데 그의 뇌리로 음성이 스쳐지나가듯 들려왔다. 성도가 지금 서 있는 2층 홀에 다시 한 번 그 때와 동일한 내용과 목소리가 울려왔다.

"잘했다. 충성된 종아. 네가 나의 말에 순종하였으니 다른 일도 너에게 맡길 것이다. 사랑이 제일이다. 그것만이 세상을 이기고 세상을 바꿀 수 있는 능력이라는 사실을 결코 잊지 말아라. 네가 나의 은혜로 다시 살아난 것처럼 또 다른 사람이 나의 은혜로 살아나도록 너의 입과 행동으로 나의 은혜를 전하는 것이 내가 너를 택하여 세상에 보낸 이유다."

침대에 누인 아버지를 바라보는 성도의 두 눈에 어느새 이슬방울이 맺혀있더니 그것이 쪼르륵 흘러내려 누워있는 그의 아버지 손등에 떨어졌다. 병상에 누워있던 성도아버지가 때마침 잠에서 깨어나 문안을 온 성도를 확인하더니 긴 호흡과 함께 들릴 듯 말 듯 말을 꺼냈다.

"어휴, 이 먼 곳까지 뭐 하러 왔어."

"……"

성도는 말기 암으로 생명의 촌각을 다투고 있던 그의 아버지와 지난날의 모든 막혀 있던 담을 일시에 헐어버렸다. 성도는 아버지의 손을 붙들고 함께 기도하고 찬송하면서 케케묵어 있던 나쁜 기억과 감정들을 남김없이 떨쳐 내버리고 홀가분하게 되어 돌아왔다.

귀국을 하던 성도가 비행기 안에서 아버지와의 화해가 가능했던 몇 가지 원인을 생각해보았다. 그중에서 성도가 가장 타당하게 여기는 원인이 하나있었는데 아버지와의 화해는 결코 자기 자신의 의지가 주도한 결과는 아니라는 것이었다.

이전에 성도는 늘 다짐하기를 죽는 한이 있더라도 아버지를 결단코 용서해 주는 일은 없을 것이라고 거듭거듭 마음과 생각 속에 새기며 살아왔었다. 그런데 그것이 하루아침에 무너져 버렸다. 지금껏 그리도 갈고 닦은 칼날이 하루아침에 쓸모없는 무딘 칼날로 변해버렸다. 이것은 누군가가 성도 곁에서 복수의 칼날은 인생에서 아무런 유익이 없는 작업이라는 사실을 일깨워 준 덕분이라는 것을 인정했다.

　또한 성도는 아버지를 향한 불같은 미움의 시작이 자기 자신이 아니었음도 깨달았다. 비록 그의 마음에 인간의 죄성이라는 뿌리를 통해 자라난 미움과 절규라는 가시나무가 기세등등하게 자리 잡고 있었지만 하나님께서 조금 남겨두신 인간의 선한감정은 그것을 능가할 힘을 충분히 지니고 있었다.

　성도는 병들어 가죽만 앙상하게 남은 자신의 아버지를 만나볼 때까지도 미움과 연민의 감정이 오르락내리락 교차하고 있었다. 그러나 이제 죽을 시간만 남겨둔 힘 빠진 연약한 인생이라는 사실에 더 압도되면서 성도의 완강한 마음은 누그러졌다.

　이처럼 인간의 최대약점인 죄의 본성을 뒤적거려 원치 않는 흉하고 추한 추억을 마치 현실인 양 소환해 내어 정신을 교란시키는 결정적인 원인은 따로 있었다. 그것은 사탄이 제일 잘하는 짓이었다. 그렇지만 그것을 보기 좋게 넉 다운 시킬 수 있었던 것은 성도 곁에서 그의 의지를 선하신 주님의 뜻과 일치되도록 조력해 준 덕분이었는데 그것은 성령님께서 하시는 일이었다.

　성도는 출국 전 아버지가 비록 병환 중에서 고통하고 있을지라도 마음을 쉽게 열고 슬퍼해주지 않으려 했다. 그러나 그 결심이 한 순간 녹아내렸다. 그것은 미움을 잔뜩 지닌 자신이 너무나도 무섭다는 느낌을 받게 된 것인데 그것이 본래적인 자기마음이 아니란 것을 뒤늦게 알아챘다. 이것 역시 성령님께서 하신 일이었다.

성도아버지 병상 옆에 서 있는 성도 쪽으로 저쪽 편에서 빛나는 흰 옷을 입은 천사들 일곱 명이 한 줄로 서서 금 나팔과 금 하프를 연주하면서 천천히 다가왔다. 그러나 성도를 더욱 놀라게 하는 장면이 바로 뒤에 이어졌는데 예수님께서 성도아버지의 손을 부여잡으시고 나란히 성도에게로 오고 있었다. 아버지의 손을 붙든 분의 두 발등과 두 손에는 둥그렇게 뚫린 큰 흔적이 있었다.

성도아버지는 무척이나 행복한 표정이었다. 그의 얼굴은 연실 방글방글 웃음이 떠나지 않았다. 생전 처음 보는 아버지의 활짝 웃는 모습이었다. 예수님과 성도아버지는 성도가 서 있는 3미터 전방 앞에 멈춰 섰다. 악기를 연주하는 천사들이 예수님과 성도 주위에 둘러서서 은혜 찬양을 연주하고 있었다.

예수님께서 성도를 바라보시며 뻥 뚫려 있는 오른손을 들어 살짝 흔들어 보였다. 예수님의 얼굴도 미소가 한가득 이었는데 그런 평화스런 얼굴은 이 세상에서도 도무지 볼 수가 없을 것 같았다. 성도 마음에 평화가 가득 차올랐다. 그 감격에 성도는 눈을 지그시 감고 심호흡을 크게 한 번하였는데 그의 앞에 펼쳐진 모든 것들이 연기처럼 서서히 사라져갔다. 2층에 있던 모든 것이 사라진 성도의 눈앞에는 3층으로 연결된 계단만 보일 뿐이었다.

3-3. 위대한 약속

3층 역시 사방이 온통 시원스런 원 룸 구조였다. 성도는 본능적으로 3층 중앙을 향해 서서히 발걸음을 옮겼다. 그런데 한 걸음 한 걸음 조심스럽게 내딛는 성도의 얼굴에 은은한 미소가 번져갔다. 잠깐 걸음을 멈춘 성도가 혼잣말을 했다.

"뭐지 이 느낌은? 아무것도 보이는 것은 없는데 뭔가 좋은 일이 일어날 것만 같아. 혹시 하영님이 여기 어디 있는 것인가!"

어느덧 3층 중앙에 멈춰선 성도가 사방을 빙 둘러 보았다. 그때였다. 굵지만 인자한 느낌을 안겨주는 음성이 3층 홀 안에 메아리 치듯 잔잔히 울려 퍼졌다.

"네가 이후에 살아갈 동안 내가 너에게 약속할 것들을 모두 네 눈에 보여 주마."

그 말이 마치자마자 털옷이 성도가 서 있는 왼편에서 등장했다. 털옷은 아담부부가 에덴동산에서 추방될 때 하나님께서 손수 만들어주신 가죽옷이었는데 성도가 서 있던 왼편에서 등장해 성도 눈 앞을 서서히 지나쳐 날더니 오른쪽 편으로 사라졌다. 그것이 날아가는 동안 정면 벽면에 에덴동산에서 나오는 그들 부부의 모습이 나타나 보여 졌다. 아담과 하와는 울며불며 뒤를 자꾸 돌아보았다. 가죽옷은 하나님께서 벌거벗은 그들을 위해 손수 지어주신 사랑의 징표였다. 비록 하나님의 뜻을 어긴 탓에 하나님의 진노를 샀지만 그들을 향한 하나님의 사랑과 관심은 조금도 변함이 없으셨다.

가죽옷에 이어 등장한 것은 노아 가족이 타고 대홍수를 극복했던 방주였는데 역시 왼쪽에서 등장하여 오른쪽을 향했다.

방주 다음 모습을 보인 것은 홍해를 가르고 나일 강을 피로 물들였던 모세의 지팡이였는데 성도의 정면을 지나쳐 가면서 지팡이에 초록색 새싹이 돋아난 것이 보였다. 새싹은 하나님께서 지명한 참 된 일꾼이 누구인가를 알려주는 사건 가운데서 보여 진 성경의 한 장면이었다.

이어 등장한 것은 하늘의 군대인 불 말과 불 병거들이었다. 그 행진은 마치 바로 전투에 임하는 군대의 모습처럼 위풍당당하고 늠름했다. 그것들은 하늘의 무적군대였다.

그것들이 시야에서 완전히 사라지자 까마귀들이 날아들어 왔는데 그것들은 엘리야에게 빵을 물어다 준 새들임을 성도는 바로 알아차렸다. 날아가는 까마귀들 입에 빵부스러기가 물려있었다. 어떤 까마귀는 성도의 눈에 익은 샤프펜슬을 물고 있었다. 까마귀들은 지친 신자들을 향한 하나님의 격려를 통하게 하는 수단이었다.

까마귀들 다음으로는 다윗이 골리앗을 제압할 때 사용했던 물매가 찬란한 빛을 뿜어내며 하늘하늘 등장했다. 그것이라는 것을 한 눈에 알아 볼 수 있었던 이유는 물매가 눈앞을 지나칠 때 다윗과 골리앗이 대치하고 있던 장면이 정면 벽에 나타나보였다.

그 뒤를 이은 것은 엘리야가 입고 있었던 겉옷이었다. 그것이 펄럭이며 날아왔다가 사라져 갔는데 엘리사가 그 옷을 취해 나타냈던 기적들이 파노라마처럼 벽면에 나타나 보였다.

마지막으로 갈보리 언덕에서 예수님이 처형당했던 십자가가 밝은 빛을 발산하며 저편에서 나타나 이편으로 서서히 이동하더니 성도의 시야에서 사라졌다.

십자가가 완전히 자취를 감춘 바로 그때였다. 급하고 강한 바람이 어디에서인가 불어왔고 곧이어 마치 불길이 혀처럼 한 몸통으로 일어나 성도 쪽으로 향하더니 얼마 안 되어 서너 가지로 나뉘어져졌다. 그중 하나가 날아와 성도의 머리 위에 사뿐히 내려앉았다.

그러자 성도의 몸에 전율이 흘러 내렸고 순간적으로 뜨거워졌다. 이내 그의 눈에서 굵은 눈물이 하염없이 흘러내렸다. 잠시 후 굵고 인자한 음성이 성도의 귀에 또 다시 들려왔다.

"너는 두려워말아라. 내가 함께 함이니라. 너는 하지 못한다고도 말라. 내가 직접 해결하리라. 너는 부족하다고도 말라. 내가 모든 것을 채워줌이라. 누구 앞에든 어디에든 당당 하라. 너는 내 아들이니라. 내가 너를 사랑하노라. 내가 너를 보내노라."

음성을 들은 성도가 그 자리에 공손하게 무릎을 꿇었다. 두 손은 깍지를 끼워 무릎 위에 올렸고 고개는 살짝 떨구었다. 이때 성도의 머리 위로 천사들 한 무리가 날아가며 한 목소리로 나지막하고 우람차게 읊조렸다.

"은혜로다. 은혜로다. 천지를 주관하시는 지극히 높으신 분의 은혜로다."

에필로그

새벽기도 시간에 틀어놓았던 찬양이 하성도 목사의 귓전에 들려온다.

"은혜로만 살아간다네. 오직 주의 은혜로만 설 수 있다네......"

하 목사가 흐르는 눈물을 손등으로 닦아낸다. 고개를 들고 천천히 주위를 살펴본다. 낯익은 강단 뒤에 걸린 붉은 나무십자가가 그의 눈에 제일 먼저 들어왔다. 떠오른 태양에서 내뿜는 온화한 빛줄기가 교회의 창틈을 비집고 들어와서는 직사각형 쪽빛이 되어 하목사의 턱 주변에 아른거렸다. 그 빛 때문이었을까? 하 목사의 얼굴에 기묘한 광채가 피어났다.

하성도 목사가 새벽기도를 하면서 무릎을 꿇은 지 세 시간 남짓 지났나 보다. 강단에서 마주보이는 둥그런 시계의 큰 바늘과 작은 바늘은 각각 숫자 8과 30에 가있다. 꿈인 듯 환상인 듯 그러나 아직까지 모든 것이 생생하기만 했던지 하 목사는 몇 시간에 걸친 꿈같은 여행에서 깨어나지 못하고 있었다. 필시 하나님께서 주신 기막힌 메시지라 판단한 하 목사는 중요한 내용을 간추려보고자 했다.

하 목사가 꿇은 무릎 앞에는 성경책이 반듯하게 놓여 있고 그것 오른쪽에는 핸드폰이 성경과 나란히 누워져 있다. 잠시 성경책을 바라보고 있는 하 목사의 눈에 메시지가 도착했음을 알리는 핸드폰의 알림 화면이 잠깐 나타나 보이다가 사라진다. 하 목사가 핸드폰을 천천히 집어 들어 방금 들어 온 문자를 확인하려하는데 어제 저녁 잠들기 전 확인하고 그대로 잠들어 버렸던 문자가 변함없이 그 모습 그대로 그의 눈에 먼저 들어온다.

'이달까지 석 달입니다. 빠른 시일 안에 밀려있는 교회 월세 정리해 주시기 바랍니다.'

건물 주인이 보내 온 교회 월세 독촉 문자다. 이어 새로 전달된 문자 메시지를 열었다. 교회 거래통장은행의 입출금 안내 문자다.

'김사도님으로부터 200만원이 입금되었습니다.'

곧바로 문자 한 통이 또 날아들었다.

"교회 집사님 한 분이 어려운 교회를 위해 써 달라고 헌금을 보내 왔네. 기도하는 중에 하 목사의 얼굴이 계속해서 떠오르는 것이 하나님께서 필시 그곳으로 보내라는 신호 같아서 순종하였네."

하 목사의 겨우 진정된 눈시울이 또 다시 붉어진다. 때마침 들려오는 새벽기도의 찬양곡이 하성도 목사의 심금을 더욱 흔든다.

"주님의 은혜라, 오직 주님의 은혜라, 내가 걸어 온 모든 인생길, 주님의 한량없는 은혜라, 모든 것이 주의 은혜라, 끝도 없고 변함도 없는 주님의 사랑, 좁고 험한 믿음의 인생길, 드디어 마치고 돌아볼 때, 나는 받을 공로가 전혀 없도다. 오직 모든 것이 주의 은혜더라......"